CHARLIE LIBERTÉ

LE JOURNAL DE LEUR VIE

LES ÉCHAPPÉS

7 JANVIER 2015

Deux terroristes, Chérif et Saïd Kouachi,
pénètrent dans les locaux de *Charlie Hebdo*,
au 10 rue Nicolas-Appert à Paris,
et tuent douze personnes :

FRÉDÉRIC BOISSEAU, employé de la société Sodexo
FRANCK BRINSOLARO, policier chargé de protéger Charb
CABU, dessinateur à *Charlie Hebdo*
ELSA CAYAT, psychiatre, psychanalyste
et chroniqueuse à *Charlie Hebdo*
CHARB, dessinateur à *Charlie Hebdo*
HONORÉ, dessinateur à *Charlie Hebdo*
BERNARD MARIS, professeur d'économie
et journaliste à *Charlie Hebdo*
AHMED MERABET, policier
MUSTAPHA OURRAD, correcteur à *Charlie Hebdo*
MICHEL RENAUD, fondateur du festival Rendez-vous
du Carnet de Voyage de Clermont-Ferrand
TIGNOUS, dessinateur à *Charlie Hebdo*
WOLINSKI, dessinateur à *Charlie Hebdo*

8 JANVIER 2015

Amedy Coulibaly,
proche des frères Kouachi,
tue par balle une policière
municipale de Montrouge :
CLARISSA JEAN-PHILIPPE

9 JANVIER 2015

Amedy Coulibaly prend en otage
les clients du magasin Hyper Cacher
de la porte de Vincennes à Paris,
et tue quatre personnes :

PHILIPPE BRAHAM, cadre commercial
dans une société de conseil en informatique
YOHAN COHEN, employé de l'Hyper Cacher
YOAV HATTAB, étudiant
FRANÇOIS-MICHEL SAADA, cadre
supérieur à la retraite

*Les frères Kouachi sont tués le 9 janvier
dans une imprimerie de Dammartin-en-Goële
lors de l'assaut mené par le GIGN à 16h53.*

*Amedy Coulibaly est tué le 9 janvier
dans l'Hyper Cacher lors de l'assaut
mené par le RAID et la BRI à 17h13.*

LES GROSSES MOUCHES NOIRES

Cabu, Elsa Cayat, Charb, Honoré, Bernard Maris, Mustapha Ourrad, Tignous, Wolinski, nous manquent. Dix années se sont écoulées depuis ce matin du 7 janvier 2015. Dix années durant lesquelles il a fallu lentement se résigner à leur disparition du journal. Résigner n'est pas le bon mot. Ni celui de disparition. Nous avons seulement supporté. Et il ne s'agit pas de disparitions mais d'assassinats islamistes. Ce vocabulaire, on hésite à l'utiliser, pour atténuer la tragédie et éluder les questions difficiles. Autour de nous, on préfère parler d'intolérance plutôt que de religion ou d'islam. Durant ces années, je me suis parfois surpris à baisser les bras et à renoncer aux expressions trop crues, pour calmer ma colère, ne pas susciter le rejet et ménager nos interlocuteurs ainsi que nous-mêmes.

Cabu, Elsa Cayat, Charb, Honoré, Bernard Maris, Mustapha Ourrad, Tignous, Wolinski, nous manquent car on a toujours besoin d'eux. De leurs avis, de leurs opinions, de leurs idées, de leur lucidité, de leur « mauvaise foi », de leur humour, de leur joie de vivre. Tous les jours, notre mémoire les fait revivre en silence.

Notre mémoire n'est pas celle d'un mois, celui de janvier 2015, ni celui d'un jour, le mercredi 7, mais celui des secondes où claquent les balles, des minutes où on se voit mourir, et des heures où l'on croit qu'ils vont revenir achever les survivants dans leur lit. La violence des émotions de ces instants est ineffaçable.

Ces bruits, ces odeurs, ces douleurs, et ces règles de sécurité qu'il faut toujours respecter dix ans après, ont tissé autour de nous une toile d'araignée dont nous sommes prisonniers. Un claquement dans la rue, une voiture mal garée devant chez soi, des messages agressifs sur les réseaux sociaux, il suffit d'un rien pour se convaincre que tout peut recommencer. Même les mouches sont suspectes. Quelques jours avant le 7 janvier, un phénomène curieux était apparu dans les locaux du 10 rue Nicolas-Appert. De grosses mouches surgies de nulle part s'agglutinaient contre la fenêtre de la pièce où travaillaient les maquettistes. On avait beau s'en débarrasser avec quelques jets d'insecticide, d'autres revenaient le lendemain, presque aussi nombreuses, se taper contre la vitre, au même endroit que les précédentes. Je n'ai jamais compris d'où elles étaient venues. Était-ce un présage, un signe diraient les superstitieux ? Toujours est-il que l'attentat survint peu après. Deux grosses mouches noires firent irruption dans le journal, mais cette fois armées de kalachnikovs.

Tous les jours, notre mémoire les fait revivre en silence

Depuis, chaque fois qu'une grosse mouche pénètre dans les locaux actuels du journal, je ne peux m'empêcher de penser qu'elle est peut-être le messager d'une tragédie qui va arriver. Et puis finalement, rien ne se passe. On essaye de se protéger des malheurs à venir avec des superstitions ridicules. Leur seule vertu est de nous garder en éveil, de nous empêcher de relâcher notre vigilance et de croire, comme je le faisais à l'automne 2014, que toutes ces histoires de caricatures étaient terminées et que notre vie redeviendrait normale. Salman Rushdie a cru à cela. Qu'il pourrait retrouver sa vie d'avant. Il l'a payé très cher.

Cabu, Elsa Cayat, Charb, Honoré, Bernard Maris, Mustapha Ourrad, Tignous, Wolinski, nous ont manqué pour nous aider à traverser ces dix années qui ont vu survenir beaucoup d'événements éprouvants. D'autres attentats islamistes contre d'autres catégories de personnes, forces de l'ordre, prêtres, professeurs, enfants, parents, gendarmes… Et qui n'avaient rien dessiné de blasphématoire, démontrant à ceux qui en doutaient encore que l'islamisme est un totalitarisme dont le projet est de faire basculer toute une société vers une théocratie.

La diversité des victimes des attentats de janvier 2015 – des dessinateurs, des journalistes, des travailleurs, des policiers, des Juifs – avait suscité

une immense solidarité lors de la manifestation du 11 janvier, ce qui démontrait que la société française voulait rester soudée et ne pas se fracturer ou se communautariser, comme l'avaient espéré les terroristes islamistes. Dix ans plus tard, que reste-t-il de ce désir des Français d'être unis autour de valeurs communes ? Des stratégies politiques sont apparues qui ont cherché à flatter les particularismes culturels, à créer des antagonismes imaginaires entre les Français. On a ainsi vu ressurgir des manifestations d'antisémitisme qu'on croyait appartenir définitivement au passé. Devant de telles dérives, notre stupéfaction s'est métamorphosée en une rage de combattre et d'écraser les idéologues criminels qui en sont les responsables. Car tout commence par des idées, froidement élaborées, patiemment couchées sur le papier par des stratèges du chaos, qu'ils soient religieux ou politiques.

La violence des émotions de ces instants est ineffaçable

Autour de nous le malaise causé par cette évolution grandissait. Malaise, car des intellectuels et des journalistes ont souvent préféré trouver des raisons de ne pas s'inquiéter. Selon eux, ces événements étaient le fait de marginaux, d'esprits dérangés, de jeunes en quête de transgression. On en a entendu des conneries, pendant ces dix années, pour éviter de dire la vérité. Il est fascinant de voir comment l'esprit humain invente des stratégies d'évitement pour fuir ce qui le dérange. Durant cette décennie, la gauche française a battu tous les records de lâcheté et de déni. Par dépit, il a fallu admettre que c'était là un trait de caractère présent chez elle depuis des années, mais qu'on ne voulait pas voir. Les espoirs portés par la gauche ont souvent aveuglé les plus enthousiastes et les plus honnêtes.

Pourtant, la gauche n'a pas toujours été aussi veule avec le terrorisme. Je me souviens avoir assisté à un meeting de François Mitterrand à Rennes, c'était le 1er février 1985. Il y évoquait déjà ce fléau et le condamnait sans ambiguïté, bien loin de la complaisance d'une partie de la gauche actuelle pour des mouvements terroristes sanguinaires :

« Mais tandis que j'évoque cette Europe... qui sait... une autre, dans l'ombre, chemine : l'Europe du terrorisme. [...] Dès lors qu'une minorité veut avoir raison toujours et partout, y compris par le sang, par haine de tout ce qui est organisation de la société, et aussi, parfois, servant consciemment ou inconsciemment d'agent à des stratégies internationales... Ils tuent ! Il faut les mettre à la raison ! [...]

Ce terrorisme est de toutes espèces – encore les espèces se rejoignent-elles le plus souvent – mais qu'on puisse disposer de la vie d'un homme, d'une femme, simplement parce qu'on a une autre conception de la vie, du monde, de l'avenir parce qu'on a une autre théorie, une autre religion, un autre projet... tuer comme cela. Je serai donc de ceux qui refuseront tout compromis ! »

Mitterrand faisait référence aux terroristes de l'ETA, du FLNC ou d'Action directe, très actifs à l'époque. Un passage en particulier m'avait marqué : *« Les mettre à la raison. »* Que cela signifiait-il donc ? En entendant cette expression énigmatique, je ne pouvais imaginer que, des années plus tard, je serais frappé à mon tour par le terrorisme. Et qu'on nous expliquerait qu'on pouvait déradicaliser les terroristes comme on change le pot d'échappement troué ou le pare-brise ébréché d'une voiture. Le terrorisme, un problème technique, jamais politique ou religieux.

Le terrorisme, un problème technique, jamais politique ou religieux

Lors de la cérémonie en hommage à Samuel Paty qui se déroula dans la cour de la Sorbonne le 21 octobre 2020, tout le gratin de la vie politique française était présent. On y reconnaissait

des anciens ministres qui, quelques années auparavant, avaient réprimandé *Charlie Hebdo* pour avoir publié des caricatures de Mahomet. Les coupables, c'était nous. Pas les différents gouvernements qui avaient entretenu depuis des années des relations ambiguës avec des régimes islamistes, au nom d'une realpolitik qui ne tient jamais la comptabilité des morts qu'elle cause. Puis sur ma droite j'entendis le cliquetis des chaussures ferrées des militaires qui portaient le cercueil de Samuel Paty. Il passa à quelques mètres de moi et cela me glaça de savoir qu'à l'intérieur était allongé le corps d'un homme coupé en deux. Et que toute une classe politique était réunie autour de son cercueil pour rendre hommage à qui, à quoi ? À sa propre lâcheté ? Qu'avaient-ils fait, tous ces dirigeants, durant toutes ces années, pour défendre et protéger des hommes comme Samuel Paty ? Derrière moi, je m'aperçus qu'était assise, bien sagement sur sa chaise, Marine Le Pen. Comme en embuscade, attendant le bon moment pour sortir de son terrier, quand la classe politique ne parviendrait plus à convaincre quiconque ni rassurer qui que ce soit.

Dans les milieux médiatiques, on sent parfois que le 7 janvier est déjà une affaire ancienne. Des journalistes m'en parlent et se trompent de date.

Le 5 janvier, le 6 janvier… *« Ah non, le 7 »*, suis-je parfois obligé de rectifier. Il faut dire que l'actualité est un rouleau compresseur qui recouvre et aplatit tout. La mémoire du 7 janvier est pourtant toujours très présente, mais chez les Français anonymes qui nous ont toujours accueillis comme si cela avait eu lieu hier. La mémoire collective n'est pas exactement la même que la mémoire médiatique ou universitaire.

À l'étranger, c'est encore plus frappant. À l'occasion de reportages, on s'aperçoit que *Charlie Hebdo* est connu quasiment partout dans le monde. Au Brésil, aux États-Unis, en Pologne, en Tunisie, en Turquie et peut-être encore plus en Iran. La publication de caricatures du Guide suprême dans les pages du journal au début de l'année 2023 nous valut d'innombrables remerciements de la part d'Iraniennes et d'Iraniens. Leurs gestes valent bien plus que tous les verbiages de politologues et sociologues qui, régulièrement, s'étalent dans la presse pour nous dire que ce sont eux qui ont toujours raison, et que ce sont les autres qui ont toujours tort. Les deux villes dans le monde où l'on trouve le plus d'abonnés au compte Instagram de *Charlie* sont Paris et… Téhéran. Les femmes voilées iraniennes ne seront jamais oubliées par *Charlie Hebdo*, n'en déplaise à certains féministes et militants de gauche qui mettent toute leur énergie à nous dire que l'abaya n'est pas un signe religieux et que le voile n'est qu'un attribut de mode.

Cabu, Elsa Cayat, Charb, Honoré, Bernard Maris, Mustapha Ourrad, Tignous, Wolinski, nous manquent. La mémoire des événements du 7 janvier n'est pas facile à entretenir. Celles de nos disparus non plus. Comment faire pour ne pas les oublier ? Comment les maintenir dans la mémoire collective autrement qu'avec des commémorations et des dépôts de gerbe ? Ce qu'on aimerait retenir d'eux, c'est leur contribution à notre pays. Car même modeste, elle compte. Créer un journal, le faire vivre, le faire fonctionner… ce n'est pas une mince affaire. C'est peut-être l'une des entreprises les plus périlleuses et hasardeuses qui soient. Les disparus de *Charlie* n'ont pourtant jamais douté de la nécessité de faire un journal, de faire *leur* journal. L'attentat du 7 janvier fut donc une atteinte, pas seulement à cette valeur fondamentale en démocratie qu'est la liberté d'expression, mais une atteinte à leur rêve. Le rêve d'avoir un journal où ils se sentiraient libres, heureux d'être ensemble, de réfléchir ensemble, de créer ensemble. C'est ce rêve que les terroristes islamistes ont cherché à détruire ce jour-là.

Ce qu'on aimerait retenir d'eux, c'est leur contribution à notre pays

La religion n'aime pas le rêve, car c'est une liberté trop grande, et donc incontrôlable. Pendant les chasses aux sorcières qui ont eu lieu à la Renaissance, des femmes ont fini sur le bûcher, coupables d'avoir simplement rêvé qu'elles s'envolaient sur des balais imaginaires. La religion n'accepte que la foi, c'est-à-dire le deuil du rêve. Car le rêve est la manifestation d'un désir de liberté qui échappe à tout carcan, à commencer par celui des dogmes religieux.

Charlie Hebdo est un journal profondément athée, c'est-à-dire qui revendique de trouver son bonheur sur terre sans l'aide d'un Dieu, mais par lui-même, et avec sa seule force de création et d'imagination.

Cette définition de *Charlie Hebdo* – journal athée – peut sembler ringarde à une époque où il est de bon ton de remercier Dieu pour tout et n'importe quoi, comme le font certains acteurs, écrivains ou sportifs. Bien leur en fasse. Si cela leur procure la jouissance d'y croire, c'est leur droit et leur liberté. Mais cette mode du spirituel, de la foi sympa et émancipatrice qu'on nous sert à toutes les sauces, comme les feuilles de salade dans les sandwichs, témoigne du même prêt-à-penser qu'on nous refourgue depuis des siècles. Un kit de survie spirituel facile à utiliser, quelques prières par-ci, un pèlerinage par-là, comme on va chez Ikea acheter les meubles de la chambre du petit qui va bientôt arriver. Remplir le vide de son existence avec des buffets dernier cri, des Bibles, des Corans ou des Anciens Testaments, ces armoires Billy de la pensée, ces escabeaux Ikea pas chers pour s'élever vers les cieux. On y croit. On en rêve. Mais pas à *Charlie Hebdo*.

Regardez leurs dessins, lisez leurs textes

La vie du journal est bien plus excitante que tous les paradis en carton-pâte que nous promettent l'indigeste Coran ou la bordélique Bible. Le rêve de créer un journal où on se sentirait bien, les disparus de *Charlie* l'ont fait et l'ont vécu intensément. De quoi remplir quatre vies. Pas besoin d'en attendre une seconde au Paradis.

Parfois, entre nous, on se dit pour plaisanter : *« Qu'est-ce qu'on n'a pas encore vécu dans ce putain de journal qui nous en a déjà fait voir de toutes les couleurs ? »* Croisons les doigts et prions, mais oui, prions, que cela dure encore longtemps et qu'on se surprenne, dans plusieurs années, à avoir vécu grâce à *Charlie* de nouvelles expériences et découvert de nouveaux horizons.

Cabu, Elsa Cayat, Charb, Honoré, Bernard Maris, Mustapha Ourrad, Tignous, Wolinski, nous manquent. Pourtant, ce que ce livre veut vous inspirer, ce n'est pas de la nostalgie, de la tristesse, ou de la commisération, mais de l'envie. Envie d'être libre comme ils l'ont été. Envie de dessiner librement comme eux, d'écrire librement comme eux, de réfléchir librement comme eux, de créer librement comme eux. Le plaisir qu'ils ont eu de faire leur métier et de l'exercer dans ce journal, ce fut avant tout celui d'être libre. C'est tout ce qu'on vous souhaite de vivre un jour. Regardez leurs dessins, lisez leurs textes et dites-vous que c'est la joie d'être vivant et libre qui a guidé toute leur existence. Sans l'aide d'un Dieu quelconque. Le bonheur est sur terre et nulle part ailleurs.

RISS

cabu

13 JANVIER 1938
Jean Cabut (dit Cabu) naît à Châlons-sur-Marne

1953
Publie ses premiers dessins dans *L'Union*

ANNÉES 1950
Contribue à plusieurs journaux à Paris

1958
Effectue son service militaire en Algérie

1960
Rejoint l'équipe du journal *Hara-Kiri*

1962
Participe au journal *Pilote*

1967
Illustre des extraits du livre *La Grande Rafle du Vel d'Hiv*, de Claude Lévy et Paul Tillard, dans *Le Nouveau Candide*

1970
Après l'interdiction d'affichage de *Hara-Kiri Hebdo*, l'équipe du journal revient avec *Charlie Hebdo*

1978 • 1987
Dessine en direct dans l'émission pour la jeunesse Récré A2, avec Dorothée et William Leymergie

1982 • 2015
Collabore au *Canard enchaîné*

1991
Cofonde le journal *La Grosse Bertha*

1992
Relance *Charlie Hebdo* avec Philippe Val

7 JANVIER 2015
Victime de l'attentat contre *Charlie Hebdo*

Cabu et Cavanna lors d'un dîner d'après bouclage au Dodin Bouffant, en 1978 ▼

Cabu lors de son exposition *Cabu et Paris* à l'Hôtel de Ville, en 2006 ▼

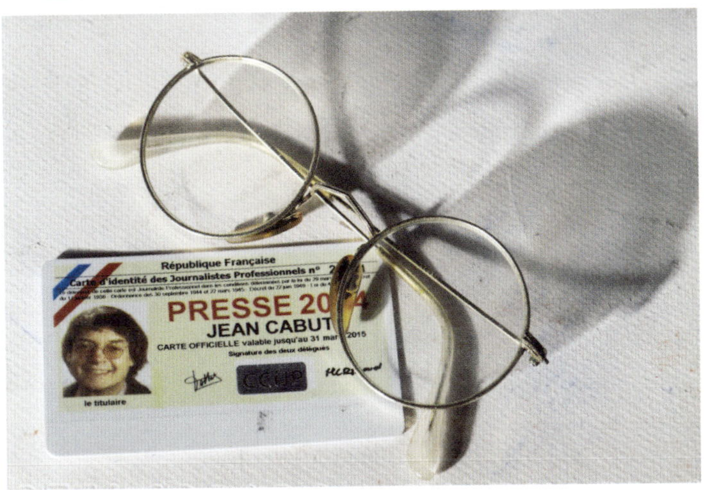

Carte de presse de Cabu pour l'année 2014 ▲

Cabu en séance de dédicaces, en 1984 ▶

1952 ▸
Dessin de Cabu exposé
dans le salon de coiffure
« Chez Gilbert » de
Châlons-sur-Marne

1952 ▴
Lauréat d'un concours
de dessin, Cabu réalise
une publicité pour
les stylos Météore

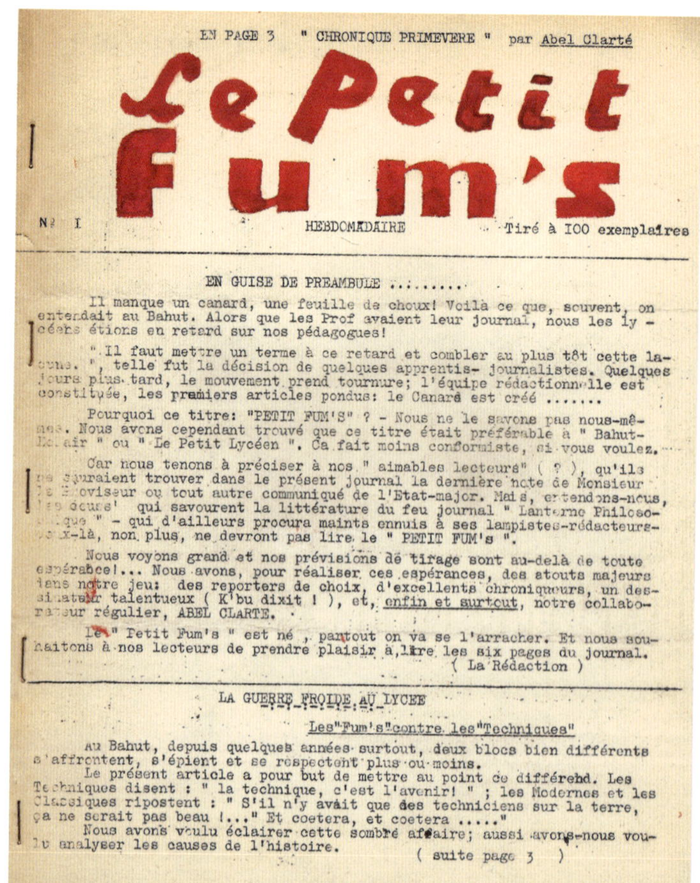
EN PAGE 3 " CHRONIQUE PRIMEVERE " par Abel Clarté

Le Petit Fum's

N° I HEBDOMADAIRE Tiré à 100 exemplaires

EN GUISE DE PREAMBULE ....

Il manque un canard, une feuille de choux! Voilà ce que, souvent, on entendait au Bahut. Alors que les Prof avaient leur journal, nous les lycéens étions en retard sur nos pédagogues!

" Il faut mettre un terme à ce retard et combler au plus tôt cette lacune. ", telle fut la décision de quelques apprentis- journalistes. Quelques jours plus tard, le mouvement prend tournure; l'équipe rédactionnelle est constituée, les premiers articles pondus: le Canard est créé ....

Pourquoi ce titre: "PETIT FUM'S" ? - Nous ne le savons pas nous-mêmes. Nous avons cependant trouvé que ce titre était préférable à " Bahut-Eclair " ou " Le Petit Lycéen ". Ca fait moins conformiste, si vous voulez.

Car nous tenons à préciser à nos " aimables lecteurs" (?), qu'ils ne sauraient trouver dans le présent journal la dernière note de Monsieur le Proviseur ou tout autre communiqué de l'Etat-major. Mais, entendons-nous, les ócuss' qui savourent la littérature du feu journal " Lanterne Philosophique " - qui d'ailleurs procura maints ennuis à ses lampistes-rédacteurs- ceux-là, non plus, ne devront pas lire le " PETIT FUM's ".

Nous voyons grand et nos prévisions de tirage sont au-delà de toute espérance!... Nous avons, pour réaliser ces espérances, des atouts majeurs dans notre jeu: des reporters de choix, d'excellents chroniqueurs, un dessinateur talentueux (K'bu dixit !), et, enfin et surtout, notre collaborateur régulier, ABEL CLARTE.

Le " Petit Fum's " est né , partout on va se l'arracher. Et nous souhaitons à nos lecteurs de prendre plaisir à lire les six pages du journal.

(La Rédaction)

LA GUERRE FROIDE AU LYCEE

Les "Fum's" contre les "Techniques"

Au Bahut, depuis quelques années surtout, deux blocs bien différents s'affrontent, s'épient et se respectent plus ou moins.

Le présent article a pour but de mettre au point ce différend. Les Techniques disent : " la technique, c'est l'avenir! " ; les Modernes et les Classiques ripostent : " S'il n'y avait que des techniciens sur la terre, ça ne serait pas beau !..." Et coetera, et coetera ....."

Nous avons voulu éclairer cette sombre affaire; aussi avons-nous voulu analyser les causes de l'histoire.

(suite page 3)

1953 ▸
Le Petit Fum's,
journal satirique créé
par Cabu au lycée Pierre-Bayen

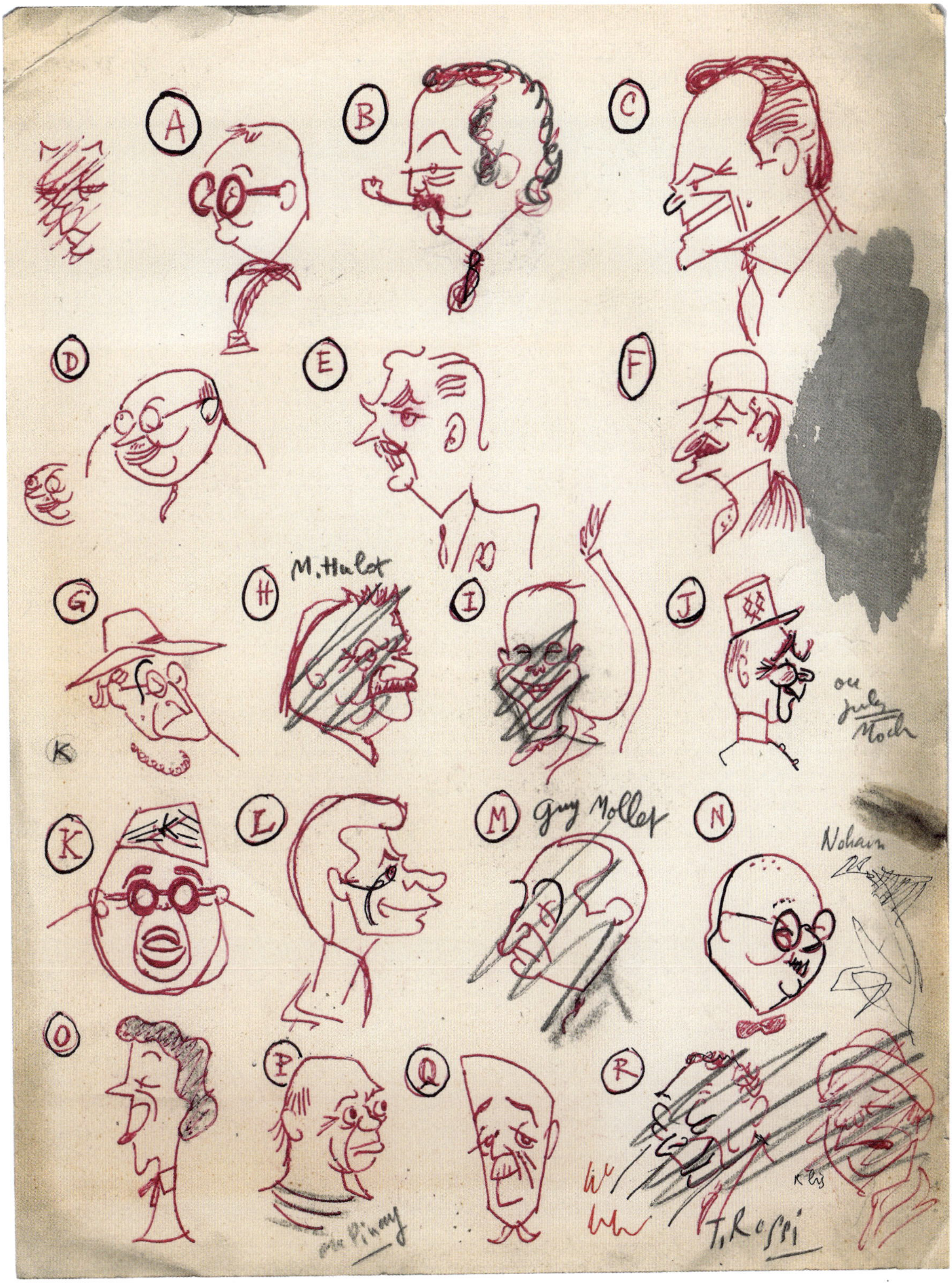

1953 ▲
Caricatures de Cabu
réalisées à l'âge de 15 ans

A • Marcel Achard
B • Georges Brassens
C • Eddie Constantine
D • Jacques Duclos
E • Anthony Eden
F • Louis de Funès
G • Sacha Guitry
H • Édouard Herriot
J • Maréchal Juin
K • Aga Khan III
L • Robert Lamoureux
M • Pierre Mendès France
N • Jean Nohain
P • Picasso
R • Paul Reynaud et Fernand Raynaud

1957

À 19 ans, Cabu publie sa première planche dans *Paris Match*.

1957
Paris Match
n°418 du 13 avril ▼

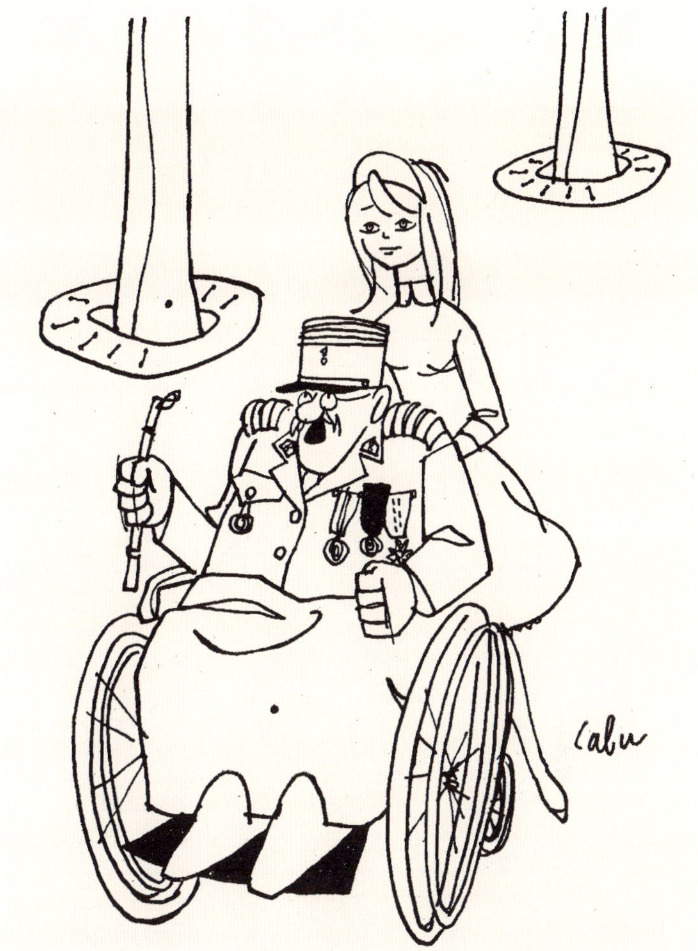

— Je veux remonter les Champs-Elysées ! Je veux remonter les Champs-Elysées !

◀ **1961** ▲
Hara-Kiri
n°5 de février

— Et tout d'un coup, y'en a un qui gueule : « Les Viets ! »

1960

Cabu intègre l'équipe de *Hara-Kiri*, « Journal bête et méchant ».

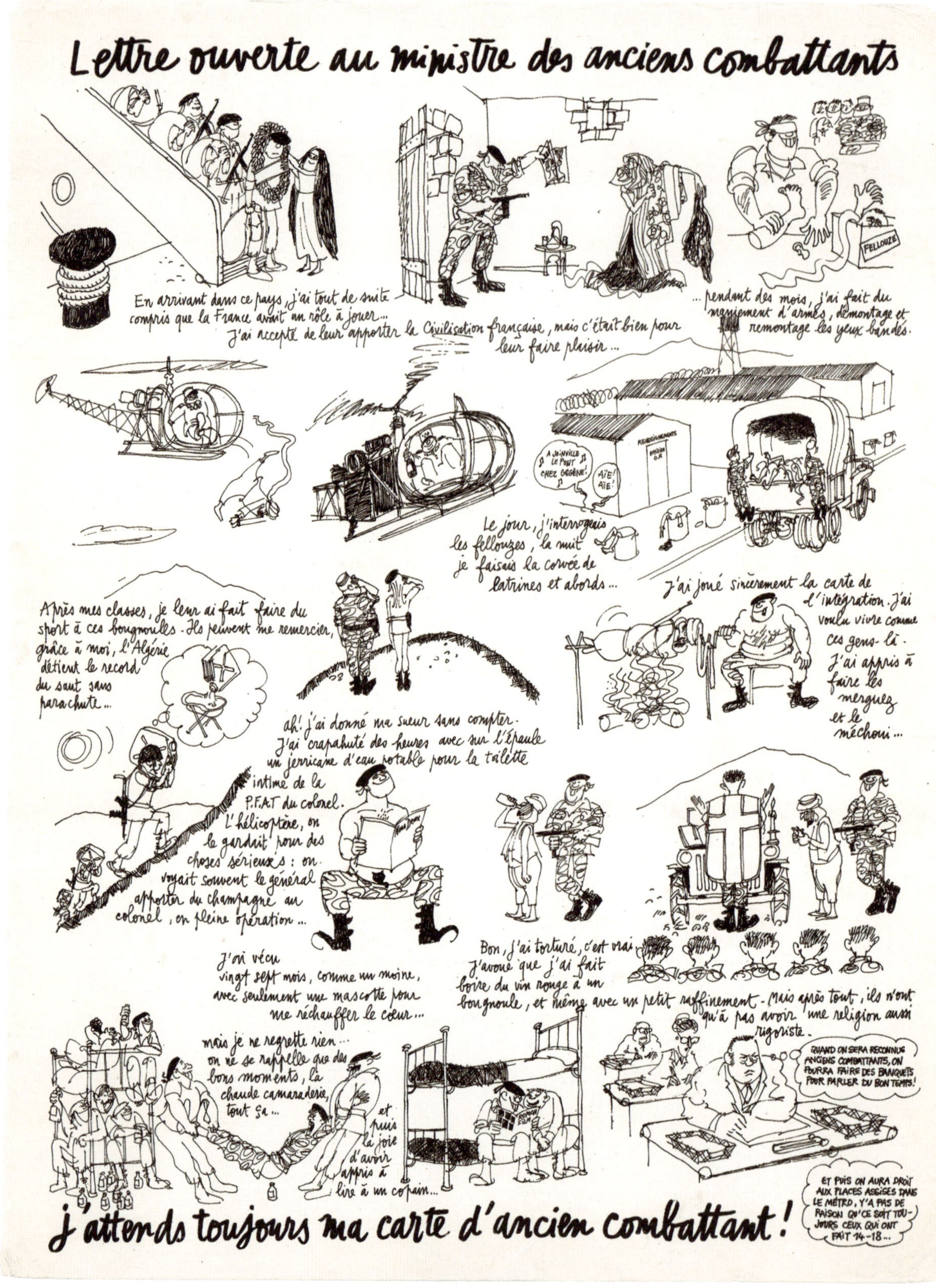

1960

Après vingt-sept mois passés sous les drapeaux en Algérie, Cabu en revient antimilitariste et pacifiste.

◀ 1987

Couverture du mensuel *Union pacifiste* réalisée par Cabu. Il se rapproche du mouvement pacifiste dès 1961, à son retour de la guerre d'Algérie. Pour témoigner de son engagement, il offre une cinquantaine de dessins au journal, de 1975 à 2003

1975 ▲

Affiche réalisée lors d'une campagne menée par plusieurs associations pour l'abolition de la justice militaire

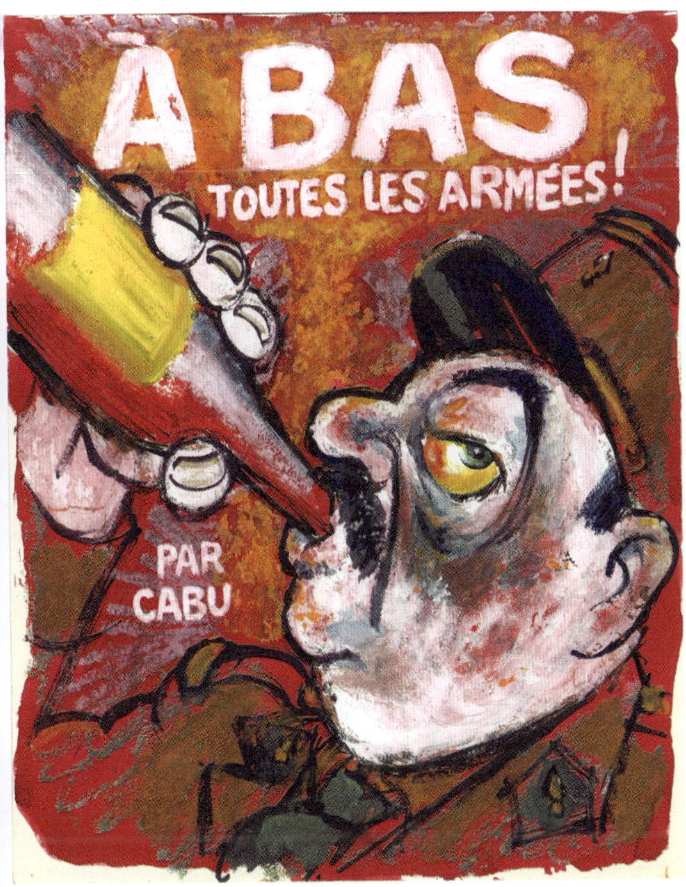

◀ 1977

Cabu publie *À bas toutes les armées* (éd. du Square). En 1978, *Charlie Hebdo* est condamné pour « injures publiques envers l'armée ». L'armée gagne le procès en 1979 et le tribunal condamne Cabu à payer une amende de 2 500 francs

1962

Cabu crée son personnage du Grand Duduche dans les pages de *Pilote*, un lycéen rêveur, écologiste et antimilitariste. Il le dessine ensuite dans *Charlie Hebdo* et *Charlie mensuel*.

◄ **1963** *Pilote*
n°179 du 28 mars

1975 *Charlie Hebdo*
n°243 du 10 juillet ►

1972 *Charlie Hebdo*
n°104 du 13 novembre ▼

1967

Le magazine *Le Nouveau Candide* commande à Cabu une série de dessins pour illustrer les extraits du livre *La Grande Rafle du Vel d'Hiv* de Claude Lévy et Paul Tillard.

> **« [...] CE LIVRE TERRIBLE QUI ME DONNERA DES CAUCHEMARS EN L'ILLUSTRANT »**
>
> CABU

2022 Illustrations de Cabu publiées dans l'ouvrage *Cabu, la rafle du Vel d'Hiv.* Dessins présentés par Laurent Joly, éd. Tallandier

1969

Pour dénoncer la soumission de l'ORTF au pouvoir, Cabu caricature Charles de Gaulle en couverture de *Hara-Kiri Hebdo* le 7 avril. Les Français rejettent le référendum sur la régionalisation et la réforme du Sénat. Désavoué, le général démissionne de ses fonctions de président de la République.

▲ **1976** *Charlie Hebdo*
n°293 du 24 juin

▲ **1972** *Charlie Hebdo*
n°73 du 10 avril

1970

Hara-Kiri Hebdo **est interdit à l'affichage après la parution de la une « Bal tragique à Colombey : 1 mort ». La semaine suivante, *Charlie Hebdo* paraît. Cabu y réalise de nombreuses couvertures.**

1973 *Charlie Hebdo*
n°150 du 1er octobre ▼

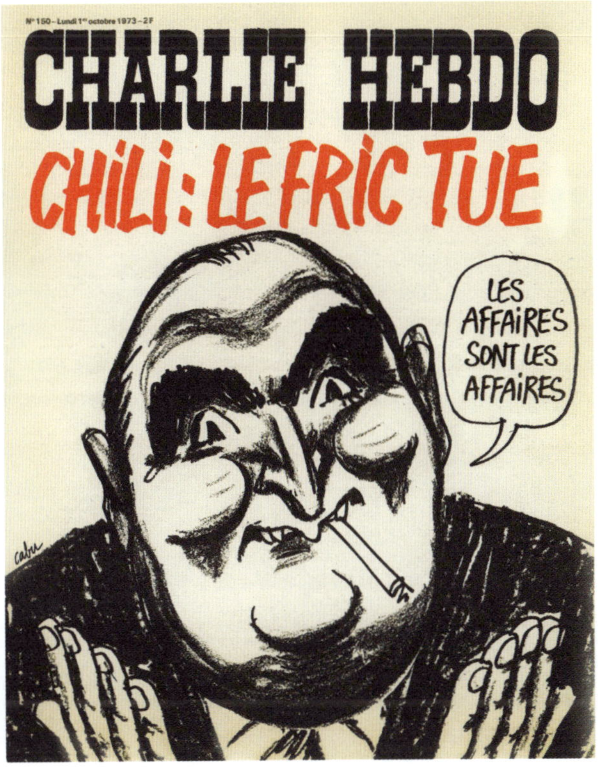

1974 *Charlie Hebdo*
n°181 du 6 mai ▼

1971

Le 5 avril 1971, *Le Nouvel Observateur* publie un manifeste signé par 343 Françaises réclamant la légalisation de l'avortement. En couverture de *Charlie Hebdo*, Cabu imagine la réponse de Michel Debré, connu pour ses positions anti-IVG. L'expression « 343 salopes » restera dans l'histoire.

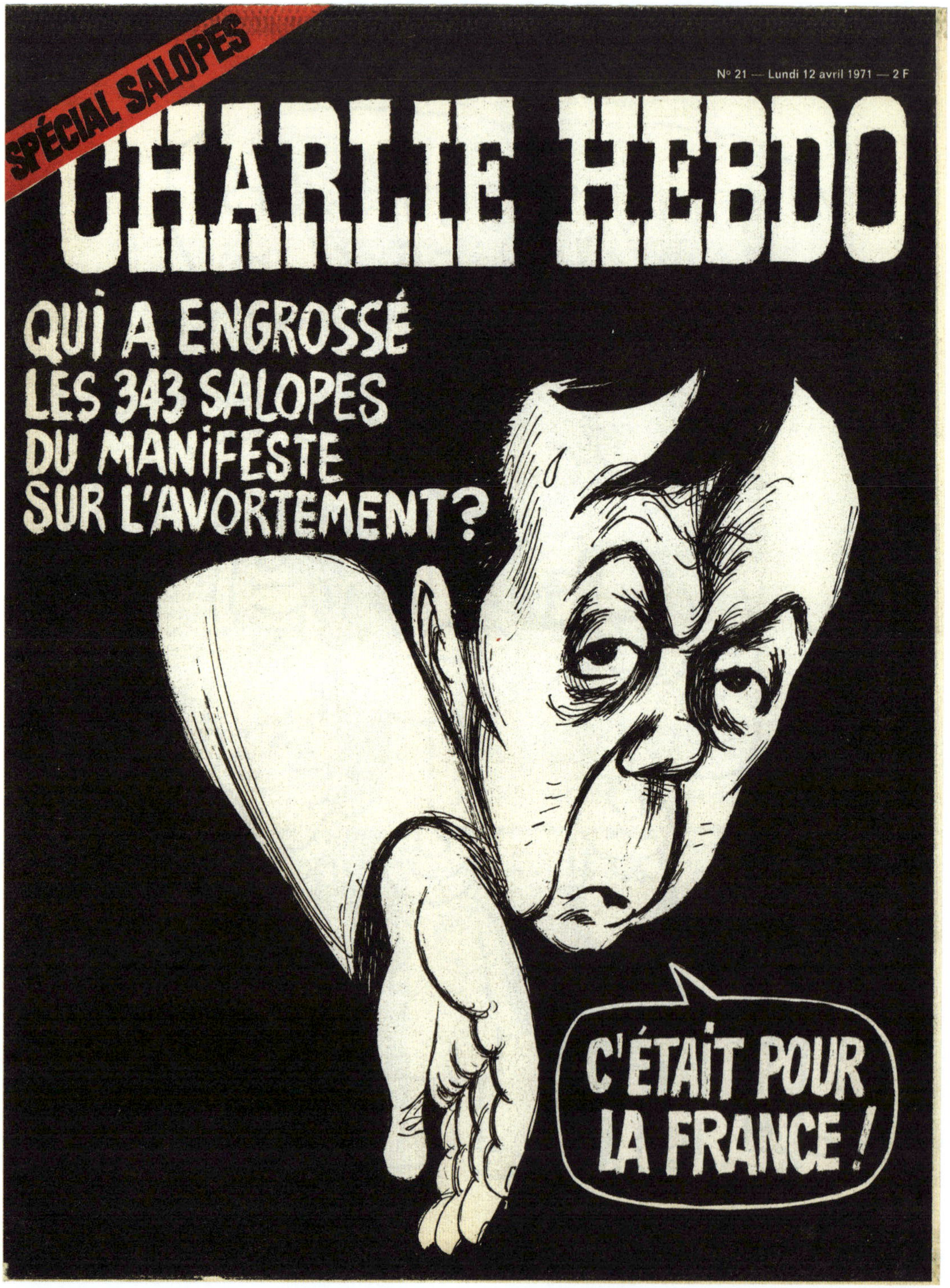

▲ **1971** *Charlie Hebdo*
n°21 du 12 avril

1974 *La Gueule ouverte*
n°20 de juin ▼

1972

Cabu participe à *La Gueule ouverte*, premier journal écologiste de France, créé par Pierre Fournier.

1973

Cabu invente son personnage du Beauf, raciste, misogyne et réactionnaire.

▲ **1975** *Charlie Hebdo* n°247 du 7 août

1973 *Charlie Hebdo* n°142 du 6 août ▼

▲ **1976** *Charlie Hebdo* n°304 du 9 septembre

Les aventures de Madame Pompidou

▲ **1971** *Charlie Hebdo*
n°45 du 27 septembre

1973

L'ouvrage de Cabu, *Les Aventures de Madame Pompidou*, paru en 1972, fait l'objet d'un procès pour « offense au président de la République ». Le lendemain du jugement, tous les exemplaires sont retirés de la vente, ce que n'exigeait pourtant pas le tribunal.

Cavanna, Wolinski, Jean-Jacques Aillagon (ministre de la Culture de 2002 à 2004), Claude Pompidou et Cabu ▼

▲ Des retrouvailles, une trentaine d'années plus tard... sans rancune ?

LA MARCHE METZ-VERDUN, D'APRÈS LE RAPPORT DES R.G
ILS NE VEULENT PLUS FAIRE LEUR RÉGIMENT...
AH ! ON EST BIEN DÉFENDUS !
SIGNOR NO
ZUKUNFT SICHERN ABRÜSTEN
JEAN-LUC HENNIG, DE LIBÉ
UNE NORMANDE
UN ANCIEN LÉGIONNAIRE A COMPRIS EN LISANT LES PANCARTES EN ALLEMAND
_1500 MANIFESTANTS... QUAND ON EST À JEUN
_UNE POIGNÉE... QUAND ON EST BOURRÉS
CONTACT AVEC LES POPULATIONS : APPRÉCIENT QU'ILS NE LAISSENT PAS DE PAPIERS GRAS DERRIÈRE EUX.
PRESSE RÉGIONALE : BONNE SURTOUT "L'EST RÉPUBLICAIN" _INQUIÉTANT.
SEUL UN CLOCHARD AVINÉ A INSULTÉ LE CORTÈGE, EN ALLEMAND SEMBLE-T-IL...
Me J.J DE FÉLICE
JEAN-LOUIS SOULIÉ
MERCY, DE VERDUN
JEAN FABRE
JE VAIS VOIR SI UN PAYSAN NE POURRAIT PAS VOUS PRÊTER SON PRÉ, À TITRE PRIVÉ BIEN ENTENDU...
L'ARMÉE TUE
MAY PICQUERAY ANAR DE 78 ANS DIRECTRICE DU "RÉFRACTAIRE"
THÉRÈSE COLLET ET RAYMOND RAGEAU, DE L'UNION PACIFISTE
MARCO PANELLA
RELATIONS AVEC LA GENDARMERIE : BONNES : DEUX INSOUMIS RECHERCHÉS DISCUTENT EN TOUTE IMPUNITÉ AVEC UN COMMANDANT DE GENDARMERIE, À GRAVELOTTE.
RELATIONS AVEC LE S.A.C : A GRAVELOTTE, MAY PICQUERAY SE FAIT TRAITER DE SALOPE
COMPLOT AVEC L'ÉTRANGER : ÉVIDENT : TROIS DÉPUTÉS DU PARTI RADICAL ITALIEN, PLUS QUELQUES MARTIENS
U.N.P
CHARMES
CONTACT AVEC LE CHAPELAIN DE DOUAUMONT : « S'ILS VIENNENT JUSQU'ICI, JE LES ACCUEILLE À COUPS DE MITRAILLETTE » IL L'A RÉPÉTÉ AU JOURNALISTE DE "L'EST RÉPUBLICAIN"
CONTACT AVEC LE PRÉFET, RAPPELÉ DE VACANCES PAR M. LE MINISTRE DE L'INTÉRIEUR : NUL AVEC LES NON-VIOLENTS, COURTOIS AVEC LES ANCIENS COMBATTANTS.

1976

L'équipe de *Charlie Hebdo* participe à la « Marche internationale non violente pour la démilitarisation » qui se déroule du 4 au 10 août entre Metz et Verdun.

1986

Planche de l'album *Le Nez de Dorothée* ▼

1978

Cabu rejoint l'équipe de *Récré A2*, une émission présentée par Dorothée, dans laquelle il dessine avec des enfants.

“ TOUS LES ENFANTS DESSINENT JUSQU'À 12-13 ANS ET ILS AIMENT VOIR DESSINER ”

CABU

1984

Dessin de Cabu réalisé en direct ▶

1982

Cabu entre au *Canard enchaîné*.

▲ **1993** *Les dossiers du Canard enchaîné* du 20 juillet

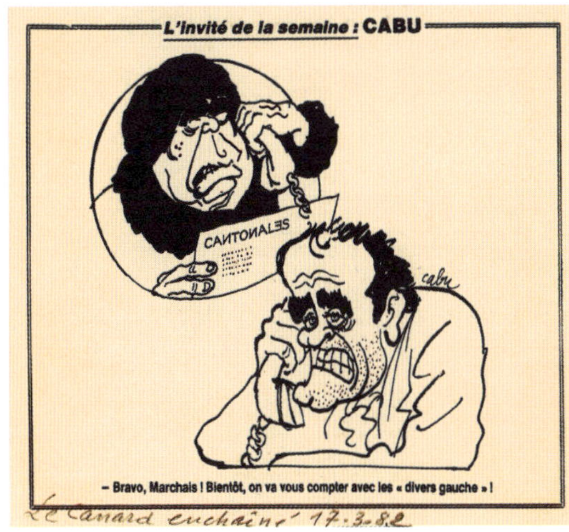

▲ **1982** *Le Canard enchaîné* n°3203 du 17 mars
Premier dessin de Cabu dans le journal

1993 *Le Canard enchaîné* n°4015 du 8 octobre 1997
Pastiche de Georges de La Tour réalisé par Cabu ▼

1991 *La Grosse Bertha*
n°18 du 16 mai ▼

▲ **1991** *La Grosse Bertha*
n°42 du 14 novembre

1991

Cabu cofonde le journal *La Grosse Bertha*, dont le premier numéro sort le 17 janvier 1991, pour dénoncer la guerre du Golfe.

1991 *La Grosse Bertha*
n°32 du 5 septembre ▶

1992

Après dix ans d'absence, *Charlie Hebdo* reparaît avec une nouvelle équipe, dont une partie s'est constituée à *La Grosse Bertha*.

1992 *Charlie Hebdo*
n°1 du 7 juillet ▶

1992 *Charlie Hebdo*
n°7 du 12 août ▼

1992 *Charlie Hebdo*
n°12 du 16 septembre ▼

1996 *Charlie Hebdo*
n°222 du 18 septembre

1993
Charlie Hebdo
n°44 du 24 avril

1994
Charlie Hebdo
n°83 du 28 janvier

1995
Charlie Hebdo
n°152 du 23 mai

2001
Charlie Hebdo
n°459 du 4 avril

2009
Charlie Hebdo
n°901 du 23 septembre

1997
Charlie Hebdo
n°286 du 10 décembre

2000 *Charlie Hebdo*
n°413 du 17 mai

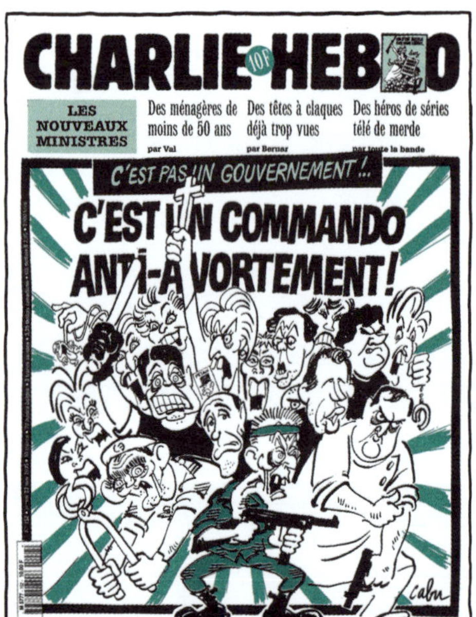

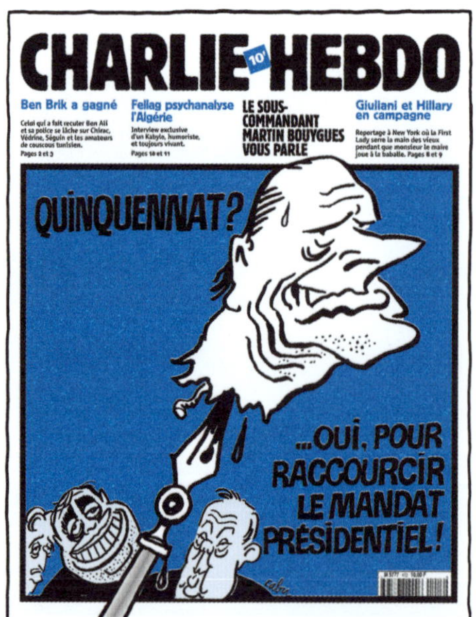

2006

Fin 2005, des dessinateurs danois sont menacés de mort après la publication de leurs caricatures de Mahomet dans le quotidien *Jyllands-Posten.* En soutien, *Charlie Hebdo* décide de les publier dans son numéro 712. Cabu réalise le dessin de couverture, qu'il prend soin de titrer : « Mahomet débordé par les intégristes », avec un dessin du Prophète qui déplore : « C'est dur d'être aimé par des cons. »

2007

Charlie Hebdo est poursuivi par la Grande Mosquée de Paris, l'Union des organisations islamiques de France (UOIF) et la Ligue islamique mondiale (LIM) pour avoir publié les caricatures de Mahomet dans son numéro 712. Le journal est relaxé en 2007, puis en 2008 après le procès en appel.

2008
Charlie Hebdo
n°834 du 11 juin

2008

À l'occasion de la coupe d'Europe, Cabu dénonce dans *Charlie Hebdo* la folie du football.

◄ **2007** *Charlie Hebdo*
n°764 du 7 février

DEPUIS LE PONT DE BROOKLYN, LA VUE SUR NEW YORK EST AUSSI BELLE QU'AU CINÉMA...
NYPD
...CE QUI N'EST PAS AUSSI BEAU QUE DANS LES FILMS SUR NEW YORK, CE SONT LES FLICS DE NEW YORK.
GRAND-MAMAN, C'EST NEW YORK
(Charles Trenet)
SUR LE PONT DE BROOKLYN, LE DANGER, C'EST LES VÉLOS.
NY
NY
HOT DOG

Cabu en reportage à New York pour *Charlie Hebdo*

▲ **2008** *Charlie Hebdo*
n°842 du 6 août

LA MÉTHODE À CABU

Dans les pages de *Charlie Hebdo*, Cabu s'amuse à expliquer au lecteur sa méthode pour caricaturer.

▲ **2008** *Charlie Hebdo*
n°811 du 2 janvier

◀ **2014** *Charlie Hebdo*
n°1129 du 5 février
La rédaction
dessinée par Cabu

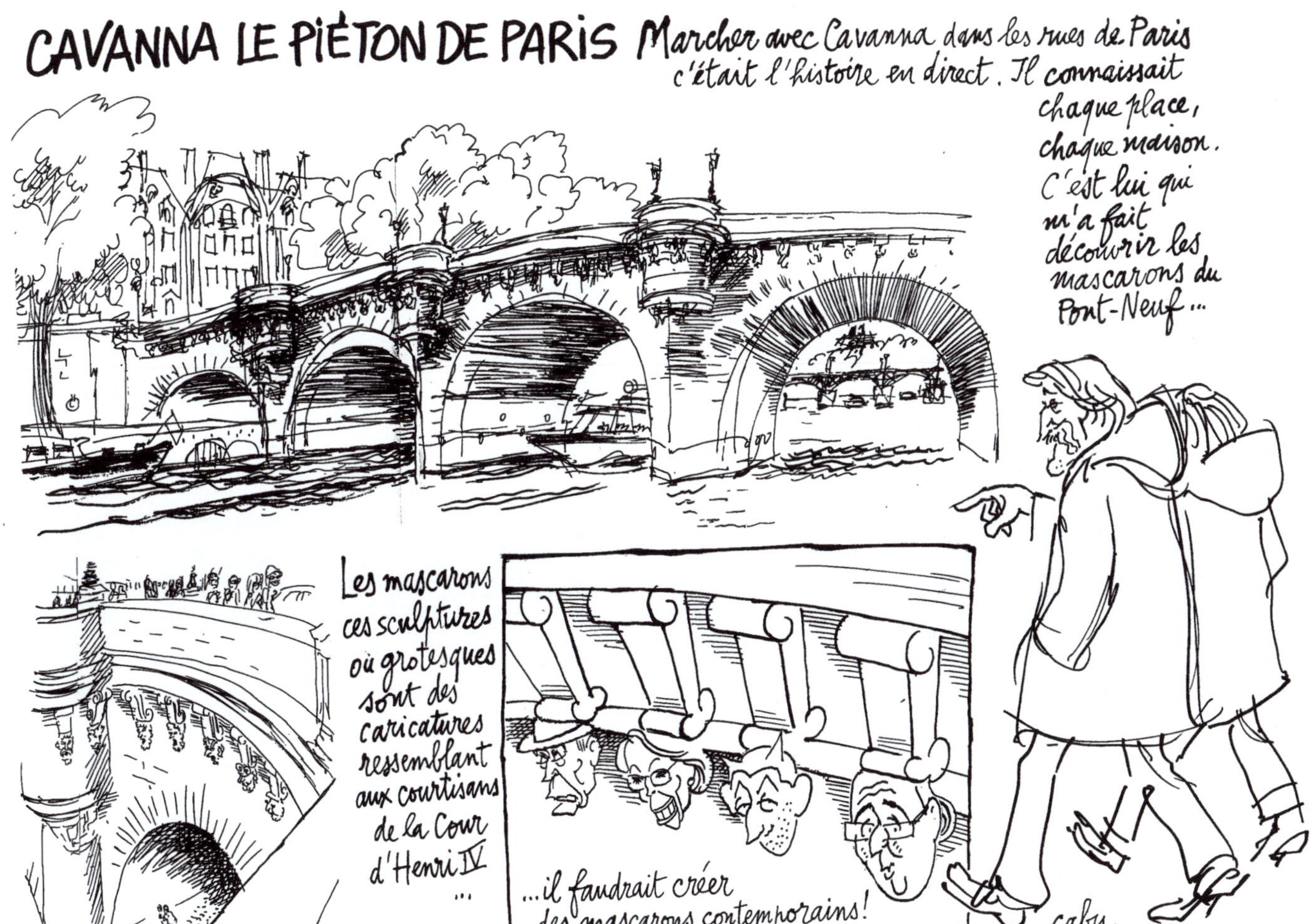

▲ **2014** *Charlie Hebdo*
n°1129 du 5 février

CATHERINE

ELSA CAYAT

9 MARS 1960

Elsa Cayat naît à Sfax (Tunisie)

1961

Après les évènements de Bizerte, la famille d'Elsa est contrainte de quitter la Tunisie et s'installe en France

1978

Fait ses études de médecine à Saint-Antoine, puis est admise à l'internat en psychiatrie. Elle travaillera à Esquirol sous la direction du professeur Lanteri-Laura

1993

Ouvre son cabinet de psychiatre-psychanalyste à Paris. Freudienne, lacanienne et surtout cayatienne, elle défend une pratique libre, humaniste et décomplexée. Naissance de sa fille, Hortense

1998

Publie son premier ouvrage, *Un homme + une femme = quoi ?*

2001

Gagne son procès contre l'ordre des médecins, défendue par Raymond Forni (alors président de l'Assemblée nationale)

2007

Publie le livre *Le désir et la putain*, avec Antonio Fischetti

2013

Entre au Conseil d'administration de l'École expérimentale de Bonneuil. Avec l'association Terre de colibris, elle participe au premier voyage écotouristique à la rencontre de la forêt amazonienne et des peuples autochtones

2014

Intègre l'équipe de *Charlie Hebdo* avec sa chronique « Charlie Divan »

7 JANVIER 2015

Victime de l'attentat contre *Charlie Hebdo*

◀ Elsa Cayat et Riss

Elsa Cayat dans son cabinet ▲

1998

Elsa Cayat publie son premier livre, *Un homme + une femme = quoi ?*, dans lequel elle donne sa vision de l'amour et du couple.

▲ **2015** *Noël, ça fait vraiment chier !*
Elsa Cayat, Les Échappés,
Dessins de Catherine Meurisse

UN HOMME +

Point n'est besoin d'être un expert de l'humain pour sentir simplement, du fond de soi, que la base de la vie et sa stabilité reposent sur une relation amoureuse épanouie entre deux êtres. Cependant savoir cela ne protégera pas l'amour des embûches qu'il rencontrera inéluctablement sur son chemin. Ce à quoi le titre interrogateur de ce livre répond, mais pas seulement.

À y regarder de plus près, cette interrogation est d'autant plus vive aujourd'hui, que nous sommes à une étape charnière de notre civilisation.

Alors qu'auparavant les mariages étaient arrangés, que le droit étant exclusivement d'un seul côté, côté homme, ce qui reléguait l'amour au domaine du rêve ou de l'interdit, bizarrement depuis que l'amour a conquis une nouvelle liberté et une nouvelle égalité, que le rêve peut enfin s'ancrer dans la réalité, jamais l'amour n'a suscité autant de questions.

Et curieusement la prolifération des rencontres sur Internet pourrait donner l'illusion d'un retour à l'arrangement d'avant. À ceci près que là où l'arrangement de naguère représentait la norme, cet arrangement actuel tend à se faire dans un halo de gêne et de honte.

Le rêve aurait-il donc déserté l'amour ? Non, le rêve est toujours aussi intense. Ce repli sur soi traduit la préférence que l'homme accorde à son rêve d'un amour absolu, d'une fusion parfaite, d'un autre mythique qui n'existe pas, à cette réalité qu'on appelle le couple.

Le problème de cette notion de couple est qu'elle transforme une relation vivante entre deux êtres en un objet précieux, autonome, auquel le sujet se sent extérieur comme s'il n'y avait pas sa part, en une histoire qui se déroulerait en dehors de lui.

C'est de cette construction amoureuse dont le sujet s'exclut que dérive l'oscillation très fréquente en amour entre tout supporter ou tout casser.

Or, si cette façon de poser le problème est une voie condamnée, c'est qu'elle s'enracine dans une dépendance à l'autre qui ne peut trouver d'issue que dans l'indépendance, c'est-à-dire dans la séparation.

C'est au titre de cette difficulté que je n'aborderai pas le couple sous la forme d'une entité ; cela ne ferait qu'alimenter

UNE FEMME = QUOI ?

ce rapport de force, en ceci que par essence le rêve de l'union sacrée débouche sur la haine et la souffrance, à défaut d'entamer l'origine du mirage d'où part cette aspiration.

De plus, se laisser guider par cette boussole de l'identité dans le thème du couple occulterait la source majeure de souffrance en amour : à savoir sa propre réalité.

La réalité de l'autre ne faisait ordinairement que se rajouter pour révéler unc réalité interne que l'on ne connaissait pas. L'autre ne vient ordinairement que pour nous prendre à un piège qui en nous existait déjà.

Dans cette perspective, nous ne serons pas là pour exalter l'amour, pour exalter le mythe métaphysique qui habituellement l'entoure, mais pour ordonner la métaphysique amoureuse au sol inconscient qui le fonde. Car si cette métaphysique est à la source d'une jouissance immense, cette métaphysique, qui porte au moins un nom, l'inconscient, porte également le nom de ses conséquences : la douleur, la souffrance, et l'échec dans la répétition.

Ce qui ne veut pas dire que tout dans l'amour soit rationalisable et qu'il faille rationaliser l'amour, mais cela veut dire qu'il vaut mieux se retrouver dans ce qui nous attire inextinguiblement vers un autre, dans ce qui nous pousse à répéter toujours les mêmes erreurs, pour pouvoir se positionner dans la relation à l'autre, en se donnant vraiment la possibilité d'un choix.

Aussi ce livre conscrit-il d'une certaine manière le préalable à la possibilité de créer en amour.

Un préalable, car c'est en sachant ce qui nous détermine à aimer quelqu'un, ce qui nous détermine à répéter à notre insu ce qui se jouait avec nos parents, que la redétermination des conditions de la relation amoureuse sera possible, dans le respect de l'autre et de soi. Ce n'est qu'en allant au-delà du voile dont on habille l'autre pour s'en abriter, en accédant à son propre réel qui derrière lui était caché, que l'on peut savoir qui est l'autre, et l'accepter. Accepter d'aimer et d'être aimé, accepter de prendre du plaisir avec lui, et de ne pas céder devant ce que l'on ne veut pas, cesser d'être attrapé à sa propre farce, cesser de souffrir pour lui car l'amour n'est pas forcément synonyme de souffrance et de mort, il peut être également synonyme de joie.

ELSA CAYAT
Avant-propos de l'ouvrage
Un homme + une femme = quoi ?
Première parution aux éd. Grancher, 1998
Poche aux éd. Payot et Rivages, 2007

ELSA CAYAT, UNE PSYCHOLOGUE DE COMBAT

Le premier contact avec Elsa, c'était toujours ce long *« Aloooors ? »* qu'elle vous lançait à la figure, les yeux brillants et déjà prête à éclater de rire.

Ce cri exprimait la gourmandise avec laquelle elle guettait la moindre de vos paroles. Il fallait y entendre : *« Quoi de neuf depuis la dernière fois ? »*. Puis elle vous relançait régulièrement par un de ses fameux *« ouaaaais »*, en rallumant une énième clope et en prenant les poses les plus improbables sur sa chaise.

À partir de l'une de vos phrases – à laquelle vous n'aviez pas forcément prêté attention –, elle ne tardait pas à tirer un jeu de mots. D'abord, vous en souriiez… Le lendemain, vous vous disiez, ah oui, pourquoi pas… Ensuite, ce jeu de mots vous trottait dans la tête toute la semaine… Je me souviens, notamment, de ce jour où elle m'a fait entendre la « peine à être » dans le mot « pénétration ». On parlait de cul, et Elsa levait un bout de voile sur le sens de l'existence !

Quand j'ai fait sa connaissance, au début des années 2000, je voulais faire un film avec une prostituée, Momo. J'avais contacté plusieurs psys, mais qui se sont tous débinés (je devinais bien qu'ils flippaient pour leur réputation). Et un jour, je suis tombé sur un livre : *Un homme + une femme = quoi ?*, qui m'a subjugué. Son autrice était, vous l'avez compris, Elsa. Quand je l'ai rencontrée, elle a tout de suite accepté de participer à mon film. Il fallait de l'audace pour ça, et Elsa n'en manquait pas.

Les yeux brillants et déjà prête à éclater de rire

On a passé des dizaines d'heures à parler, dans son cabinet de l'avenue Mozart au divan surmonté d'un tableau qui faisait penser à un rescapé de camp de la mort et au bureau couvert de livres de Freud surchargés d'annotations à toutes les pages. Nous allions aussi dans les bars de la rue Saint-Denis, alors fief des prostituées. Entre Elsa et Momo, le courant est tout de suite passé. Il faut dire qu'elles ne manquaient pas de points communs : accoutrements sexy, conversations bruyantes, éclats de rire, déluge de clopes et de coupes de champagne… À tel point que le quidam aurait été bien en peine de distinguer au premier coup d'œil la psy de la prostituée !

Je ne vais pas détailler tout ce que j'ai appris avec Elsa (mais de ces discussions, on a un fait un livre : *Le désir et la putain,* chez Albin Michel). J'avoue qu'elle n'était pas toujours facile à suivre, tant son débit était rapide, avec parfois cinq idées dans la même phrase, mais ça valait toujours le coup de s'accrocher. À partir de la sexualité, elle ouvrait systématiquement une foule de questions, sur les rapports de pouvoir, les obstacles au bonheur, et surtout les moyens d'accéder à une liberté intime.

Par mon intermédiaire, Elsa a fini par rencontrer Charb et Riss. Ils ont vite compris qu'une nana aussi déjantée avait sa place dans le journal. Elsa adorait écrire dans *Charlie*. À partir d'un fait d'actualité, elle développait toujours une réflexion originale : une sorte de psychanalyse de combat, joyeuse et jouissive. À l'époque où l'on parlait d'abus de psychotropes, elle expliquait qu'il est possible de soigner tous les malades mentaux par le langage… Quand certains sacralisaient le modèle papa-maman-marmots, elle écrivait que *« Noël, ça fait vraiment chier »* et qu'il fallait se libérer du *« squelette familial »* pour apprendre à *« jouir de soi sans entraves »*. Défendre les prostituées et dénigrer les parents, c'était tout Elsa, ça ! Elle expliquait aussi que la dépénalisation du cannabis serait *« un petit pas »* vers la sortie de l'*« addiction capitaliste »* pour *« le paraître, le faux, et la dévaluation du savoir »* (mais là, j'avais plus de mal à suivre).

Et puis, il y eut le 7 janvier. Si ces crétins idolâtres d'un certain prophète lui en avaient laissé le temps, je suis sûr qu'Elsa leur aurait hurlé à la gueule que leur problème était justement de ne pas être du tout *« pro-fête »*.

Plusieurs années après l'attentat, je me suis replongé dans les anciennes images filmées avec Elsa. Je me suis rendu compte que nos conversations de l'époque résonnaient encore plus fort aujourd'hui. À partir de là, j'ai enfin réalisé un film, baptisé *Je ne veux plus y aller maman*. Si je devais citer un seul moment de notre relation, ce serait le dernier texto qu'Elsa m'a envoyé, où elle écrivait que j'étais… *« anti-ces mythes »*. Sous son air provocateur, ce jeu de mots résume tout le message d'Elsa : apprendre à se libérer du carcan de toutes sortes d'images ou d'idoles, qu'elles soient religieuses, sexuelles, familiales ou sociales, dont on n'a pas forcément conscience, mais qui empêchent de s'épanouir…

Elsa levait un bout de voile sur le sens de l'existence !

C'est en ce sens qu'Elsa était vraiment iconoclaste au sens premier, c'est-à-dire une « personne qui détruit les images saintes ». C'est aussi ce qu'on dit de *Charlie*, et ce n'est pas pour rien : car Elsa m'a fait comprendre qu'on a tous, en soi, un « Je suis Charlie » intime à découvrir.

ANTONIO FISCHETTI

Journaliste chez *Charlie Hebdo*, scientifique de formation et proche d'Elsa Cayat

PROSTITUTION ET PSYCHANALYSE

ANTONIO FISCHETTI : […] Quelle est votre opinion sur ce parallèle entre prostitution et psychanalyse ?

ELSA CAYAT : Le parallèle est provocateur. Mais la provocation a quelque chose de positif car elle réveille, même si quelque part elle rejette la responsabilité de la réponse du côté de l'autre, en s'en défaussant. Fondamentalement, ça n'a rien à voir : la fréquentation régulière des prostituées est un symptôme mis en acte, la psychanalyse est une démarche qui opère sur le symptôme. L'une colmate par le corps un sens concernant le sujet, l'autre suspend l'agir pour surprendre le sens sous-tendant le passage à l'acte. L'une procède d'une course à l'avoir pour tamponner la question de l'être, l'autre questionne le désir d'avoir en ayant la question de l'être pour horizon. Néanmoins, en vous suivant sur ce parallélisme, on peut reconnaître entre la putain et le psychanalyste un point commun. Ce n'est pas la distance. Même si la distance est à prendre en considération, il faut bien se rendre compte que la distance n'a pas toujours cet effet-là. L'effet induit par ces deux types de distance est un impact très fort parce que, dans les deux cas, le sujet va découvrir avec l'autre son intimité, ce qu'il y a de plus intime chez lui. C'est bien évidemment la modalité et le traitement de cette intimité qui changent du tout au tout.

▲ **2015** *Charlie Hebdo* n°1205 du 19 août
Dessin de Vuillemin

Ce qui peut s'apparenter, bien que de très loin, à la prostitution dans la pratique analytique relève du rapport au transfert. Le transfert s'exprime de différentes manières. Il peut se manifester comme des interprétations erronées de la réalité dont le psychanalyste est le support.

Ces projections répondent à des situations familiales passées soit totalement refoulées, soit non oubliées mais simplement inanalysées. Ces projections sont propices à l'interprétation et elles doivent être interprétées. Elles sont d'autant plus intéressantes qu'elles révèlent au patient la force de l'inconscient et la distorsion qu'elle imprime à la lecture de la réalité.

Mais au-delà de ces manifestations révélatrices de l'emprise qu'exerce l'inconscient sur la conscience, il existe un noyau transférentiel irréductible qui ne cédera qu'à la fin de l'analyse. Nous allons nous pencher là-dessus.

Écouter quelqu'un avec cette écoute particulière que la psychanalyse implique dote le psychanalyste d'un pouvoir extraordinaire que *de facto* il n'a pas : celui de savoir *a priori*. Le psychanalyste reçoit ce qu'on lui prête, le minimum pour lui étant de n'être pas dupe du pouvoir dont le sujet va le créditer. Cela ne veut pas dire qu'il ne sache pas des choses. Il sait comment fonctionne le symptôme, il est passé par une analyse qu'il a menée le plus loin possible (cette autoréflexion qu'est l'analyse se poursuivant de surcroît à vie), mais ce qu'il sait par-dessus tout, c'est que le savoir qu'il a recueilli de sa propre confrontation entre sa pratique et la théorie dont résulte son propre chemin, est toujours en deçà du réel de la pratique. Ce en quoi il est ouvert à la nouveauté que découvre chaque cas. Autrement dit, il part du principe inverse de celui de son analysant, il fait que celui qui sait sans même le savoir, c'est le sujet « l'analysant ».

2007

Elsa Cayat et Antonio Fischetti publient *Le désir et la putain*, présenté sous la forme d'un dialogue.

Cependant, là où sa position rejoint celle de la putain, c'est qu'il est idéalisé pour un leurre. À ceci près que lui ne peut méconnaître la part de semblant dans le savoir *a priori* dont il est investi. C'est là où la comparation commence, mais là aussi qu'elle s'arrête. Néanmoins, la bizarrerie de la chose, c'est que, non seulement il doit supporter ce leurre, mais s'il ne le supportait pas, il n'y aurait pas d'analyse possible.

▲ *Le désir et la putain*, extrait chap. 13, éd. Albin Michel, 2007

NOËL, ÇA FAIT VRAIMENT CHIER !

Les réflexions d'Elsa Cayat écrites pour *Charlie Hebdo* donnent la mesure de qui elle fut : une libertaire flamboyante, optimiste et idéaliste, suscitant chez ceux qui la rencontraient l'envie de la liberté et forgeant avec ses patients les moyens d'une telle conquête. Elle figurait, portée à son comble, une personne complète, amputée de rien, désentravée, devenue par ses propres forces la vivacité même. La puissance de la vie l'habitait, qu'elle renvoyait vers vous par sa simple façon d'être.

Chacune de ses chroniques le martèle : en se libérant des souffrances passées qui l'enferment dans leur écho toujours ressurgissant, tout homme peut retrouver en lui le jaillissement de la joie d'exister. Elle l'avait aussi écrit dans ses livres : *« La psychanalyse est un chemin de liberté, de désaliénation, de retour vers soi à travers l'exploration de la souffrance et du malheur issus du passé et de la filiation. »*

Elsa Cayat avait traversé cette catharsis élargie. Son énergie était déployée. Elle incarnait le beau résultat de la libération par la parole analytique. Elle était une preuve vivante en faveur de sa discipline. Il suffisait de la voir pour croire comme elle au pouvoir salvateur des mots et de l'écoute, tel qu'elle l'évoque dans sa chronique « La folie psychiatrique ». Elle avait appris à réserver « une place à sa propre différence » et elle enjoignait chacun de nous à faire pareil, de sorte qu'il pût ensuite accueillir la spécificité d'autrui, c'est-à-dire aimer. Qu'est-ce que *aimer* ? aura finalement été la grande question de l'œuvre d'Elsa Cayat.

[...] Elsa était une rencontre comme on en fait peu. Pour ses patients, elle fut souvent LA rencontre de leur vie. Je suis certaine que tous avaient le sentiment de se trouver en face d'une personne d'exception qui demeure aujourd'hui irremplaçable autant qu'on peut l'être. Pour tous ceux qui lui ont confié leurs histoires, lire le recueil de ses textes sera une manière de retrouver sa voix. Pour les autres, qui n'ont pas vécu cette stupéfaction bienfaisante de la connaître, ce sera découvrir le pouvoir investigateur qu'elle possédait.

Car Elsa Cayat fut une travailleuse solitaire et silencieuse, veillant tard à son bureau après la journée de consultation, presque en secret, pour scruter le puzzle en mouvement du monde sans éluder aucune des questions qu'il suscitait. Les chroniques en témoignent : à la lumière de son expérience clinique, grande lectrice des philosophes et même des romanciers, Elsa Cayat s'est colletée aux problèmes de société tels que nous les posent les évolutions sociales, économiques et techniques. (L'euthanasie et la GPA sont les meilleurs exemples de ces nouvelles questions.) Pour chaque sujet abordé, il s'est agi pour elle de remonter à la source. Quel était *en vérité* ce problème ? D'où venait-il ? Sur quoi se fondait-il ? À quoi se heurtait-il ? Avec quoi résonnait-il en nous ? Voilà ce que systématiquement se demandait la psychanalyste.

Pas question de rester à la surface, il fallait descendre vers les origines, repenser nos héritages, *« faire voler en éclats les écrans »*, questionner les préjugés. Puisque l'humain était la source des formes de la société, puisqu'il avait forgé

au fil des siècles les principes, les règles, les coutumes, les pratiques, d'où venaient les métamorphoses, les progrès, les débats qui nous troublaient, d'où venait notre trouble, sinon de l'humain lui-même ?

Certaine, à la manière d'une Françoise Héritier, que ce que nous croyons fondé en nature est en réalité le produit des réflexions de l'esprit humain, Elsa Cayat était capable d'imaginer que toute chose pût être autrement, tenant que les événements et les conflits d'idées qui faisaient notre actualité étaient les symptômes à décortiquer pour comprendre les enjeux sous-jacents. [...]

On peut dire que les chroniques sont ce dépiautage des couches souterraines du réel et témoignent que l'opération était menée parfois avec rage, et, disons-le, cet aveuglement propre à l'idéalisme. [...]

ALICE FERNEY, écrivaine

Préface du livre *Noël, ça fait vraiment chier !*
Les Échappés, 2015, dessins Catherine Meurisse

LA THÉRAPIE PAR LE RIRE D'ELSA

Dans le chaos des bruits de fond issus de trente-cinq ans d'amitié, il est difficile d'extirper quelques souvenirs pas trop personnels et qui puissent donner en quelques phrases au lecteur des idées d'une personnalité complexe.

Je vais donc raconter mes premières impressions d'Elsa et leurs évolutions dans le temps, notre dernière conversation, et pour finir évoquer l'année où nous avons été le plus proches, avec notre compère Stéphane.

Mon premier souvenir d'elle remonte à notre première année de médecine, où je la voyais de loin après les cours demander des éclaircissements à l'enseignant. Je la trouvais vraiment « *too much* », avec une voix aiguë un peu nasillarde, une écharpe démesurée, un rouge à lèvres *vraiment* rouge et *vraiment* brillant, des yeux maquillés à outrance à coups de khol – tellement typés tunisien –, des bras très longs et qui bougeaient dans tous les sens, et surtout, un rire inimitable et audible à trente mètres.

Une personne à l'esprit vif, avide de connaissances

J'ai vraiment appris à la connaître lorsque sa meilleure amie de l'époque (elle a eu tant de meilleures amies de quelques mois) nous a proposé de sous-coller ensemble. C'est là que j'ai découvert une personne à l'esprit vif, avide de connaissances, i.e., pas les connaissances superficielles du bachotage mais celles qui visent à comprendre l'origine des phénomènes. Nous nous sommes alors aperçus de nos origines communes, nos parents étant originaires de Sfax, au sud de la Tunisie.

Nous aimions à penser que nous nous étions côtoyés nourrissons, avant qu'une forte inimitié ne naisse entre nos familles, en raison des sympathies communistes de son père.

Quelques jours avant sa mort, notre dernière conversation était motivée – outre les vœux habituels de bonne année – par une invitation à l'Élysée pour la remise de la Légion d'honneur à sa sœur, Béatrice. Elle prétendait qu'elle et moi, nous pourrions également l'avoir un jour. Lorsque je lui disais que nous n'avions vraiment rien fait d'extraordinaire pour le mériter (surtout moi), elle me répondait, avec son enthousiasme habituel, que nous allions écrire ensemble des livres, des livres et encore des livres. À ce moment-là, je me suis souvenu qu'elle était sûre d'avoir, un jour, une rue à son nom quelque part.

L'année où nous avons été le plus proches est celle de la préparation à l'internat de médecine, et je peux maintenant dire que sans la complicité d'Elsa et Stéphane, je n'aurais jamais réussi ce concours. Alors que beaucoup ont un souvenir épouvantable de cette période d'intense travail, nous en gardions un souvenir merveilleux de journées entières passées à rire ensemble, rire de tout, de rien, de nous, des autres. Notre principe de travail était simple et ludique : essayer de faire dérailler les deux autres avec des questions pièges. Et quel bonheur quand cela marchait, les moqueries fusaient.

Rire de tout, de rien, de nous, des autres

En fait, le rêve secret (pourtant avoué) d'Elsa, rêve jamais réalisé malheureusement, était une thérapie par le rire – rire qui, quelques années auparavant et dans des circonstances dramatiques de sa vie, lui avait peut-être sauvé la vie. Et je suis presque certain qu'elle aurait essayé de l'appliquer aux frères Kouachi, si elle avait pu les voir quelques minutes avant la tuerie.

ÉRIC ZEITOUN, médecin
Ami d'Elsa Cayat depuis leurs études de médecine

ELSA, L'ÉLECTRIQUE

Elsa c'est *ELssa*, pas *Elza,* pas d'histoire de triolet avec elle, trop facile, pas assez père sans, comme les yeux de son père Georges qui m'a très curieusement, et contre toute attente, fait confiance pour le « remplacer » un été 1987.

Alors Elsa, pourquoi avoir délaissé le magnifique nom du docteur Khaiat ? Peut-être pour adoucir le *RRhh* du *Khhh* et ton regard impitoyable de cruelle précision auquel nul ne pouvait échapper. Ou tout simplement pour suggérer que les *« non-dupes errent »*, comme le disait ton idole à l'envi, dont tu nous saoulais de tous ses séminaires imbitables mais dont tu arrivais à percer les insondables mystères.

Tu as toujours été en avance d'un moi sur mois d'Avril et toi de Mars, donc ça me tenait lieu d'explication pour accepter que tu comprenais tout et que la lumière jaillissait chez toi bien avant moi : *« Mais enfin Stéphane, t'as vraiment rien compris !!! »* Finalement, un peu comme Freud au début de la cure de Dora, ce qui me rassurait pas mal car tu rêvais de tout réexpliquer au grand Sigmund.

Tu voyais et comprenais tout

Je me souviens de toi, Elsa, arrivant un été à l'improviste en bohémienne, boule de feu dans la trop tranquille maison de vacances de famille du Var, où toutes les certitudes ont été balancées par ton impertinence et ta pertinence dans ta vision de la psychopathologie familiale : *« Mais Stéphane, ton père il est génial. »* Incroyable, ah oui, peut-être que je n'avais pas vu, pas compris, mais tu voyais et comprenais tout.

Ça me frustre un peu qu'un autre ait pu dire ça un triste jour à Montparnasse, mais oui Elsa, tu étais cruelle, égocentrique, hystérique, totalement folle et électrique, mais dès 1980, on savait que tu étais déjà un grand médecin, comme Georges.

STÉPHANE ROMAND, médecin
Ami d'Elsa Cayat depuis leurs études de médecine

RETOUR DE VACANCES

CHARLIE DIVAN

En revenant de vacances, une patiente très fine me fait part de ses pensées précédant sa rentrée analytique : *« J'ai pensé à arrêter mes séances, mais aussitôt j'ai eu un goût amer. »* Je relève ce mot, *« amer »,* elle entend aussitôt a privatif-mère. Autrement dit, arrêter ses séances la confronterait à une absence de mère encore non réglée par rapport à son passé.

Elle est rompue à l'écoute et à sa dimension transcendantale, du coup elle entend vite et s'entend beaucoup mieux avec elle-même. Mais, ce qui est saisissant dans ce mini-exemple, c'est qu'à travers une saveur subtile, l'amertume comme réponse du corps à une pensée hypothétique « si j'arrête mes séances... », il y a un savoir. Ce savoir est condensé et refoulé dans le sens différencié de l'amer. Ce savoir s'annonce par les sens, par le corps. Il peut se libérer et se rendre au sujet lorsque le sens qui transparaît négativement par le corps, ici la saveur de l'amer, est nommé et entendu dans ses différents sens. Ce micro-cas dévoile comment le savoir est lui-même l'abstraction de la saveur.

Mais pas seulement, car l'ensemble du sens, à savoir la saveur amère, la référence souterraine à la peur d'être confronté à l'absence de mère encore douloureuse est logé dans l'interdit grammatical du mot amer. Le fait que cette sensation soit nommée, relevée dans sa tridimensionnalité en étant fracturée par l'ouïe ouvre à une réflexion et engendre une lumière de sens qui en rapprochant l'individu de lui-même lui réapprend à s'aimer.

Pour revenir à ma patiente, elle poursuit : *« Ce qui ne changera jamais... ma famille, mes parents, c'est un système immuable, de toute éternité. En effet j'étais à l'hôpital et à nouveau le même scénario s'est produit. Ma mère m'envoie un scud, elle se tourne vers mon père voyant que j'étais silencieuse et triste, elle le prend à témoin et lui dit,* "regarde là, non mais, regarde là, tu as vu comment elle est !", *elle dit cela comme si j'étais une étrangère. »* Son père réagit différemment en fonction des moments. Parfois il prend le parti de sa fille lorsqu'il est en contentieux avec sa femme, mais le plus souvent il renchérit sur l'attaque de sa mère en s'alliant avec elle sur le dos de sa fille. Cela, il y a longtemps qu'elle l'a compris. Aujourd'hui c'est sa mère qui lui pose encore et toujours problème.

Tout d'abord, lorsque ma patiente dit *« ma mère m'envoie un scud »,* elle sait que dans ce système familial le sens n'a aucune importance. Ce n'est qu'un jeu d'alliances sur fond d'exclusion. Ensuite sa mère n'est jamais elle-même, elle est toujours masquée. Elle ne sait entrer en relation avec elle que par la négation. Elle ne sait pas aimer. Cette fois, face à l'attaque maternelle d'entrée en matière, elle n'a plus la serpillière de naguère. Néanmoins, un reste demeure. Le reste d'une carence maternelle qui persiste dans le goût amer de sa bouche, dans le sentiment d'être une victime de grande injustice qui parfois l'étreint ; sentiment où la souffrance se transmue en faute oscillant sur elle et sur l'autre comme un métronome.

Et là soudainement, elle me dit : *« C'est comme s'il me manquait une pierre pour être libre. »* La pierre représentait d'abord le socle où l'on bâtit son église, à savoir le sacré et la capacité de créer qu'ils ont été allègrement piétinés. Puis, dans le mot pierre, elle entend repillée. Elle est surprise par le sens qui se dévoile à elle mais elle peut se rendre compte encore une fois qu'elle a adhéré à la négation maternelle et c'est en cela qu'elle a été revolée. Elle est redevenue le serf à qui on pille l'air moins qu'avant mais néanmoins le refoulé a fonctionné à bas bruit. Une fois de plus, elle a été déçue par sa mère. Elle croyait que sa mère changerait mais elle a préféré chuter pour maintenir en sa mère le fantasme de l'aristo là où ça rit en haut en se faisant serf au lieu de voir que derrière l'aristo il y a un serf qui pille l'air pour pouvoir être en haut. Elle n'est donc, dans cette scène, que la face cachée du jeu de sa mère en qui elle convoite une aristocratie idéalisée.

ELSA CAYAT

▲ **2014** *Charlie Hebdo*
n°1162 du 24 septembre

JOUIR DE SOI SANS ENTRAVES

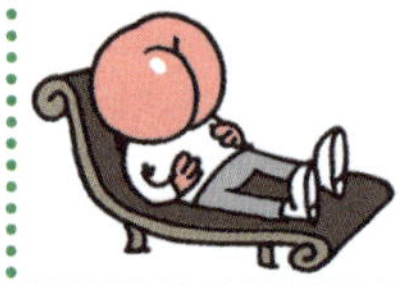

CHARLIE DIVAN

Lacan réfutait la question du bonheur, or c'est la seule question qui vaille pour s'orienter dans la vie. Lorsqu'on se penche sur soi et qu'on se demande quel est le sens de la vie, la première réponse est « être utile ». C'est vrai, mais ce n'est pas suffisant, car on devient tributaire de l'autre, si bien que lorsque personne ne nous utilise, nous nous sentons abandonnés et nous nous abandonnons en ne nous sentant pas aimés. Si on change de point de vue et que l'on se fait plaisir, la donne se modifie. On ne se prend plus pour un objet et on sort de la dépendance à l'autre.

Le problème est que, dès tout petit, au lieu de nous apprendre à nous émerveiller sur l'énigme palpitante qu'est chaque homme, sur l'illustre inconnu que nous sommes pour nous-mêmes, au lieu de nous éveiller à la magie du monde grandiose de correspondances qui, par moments, nous traverse physiquement dans sa poésie, nous sommes formatés à ne pas nous aimer et à considérer notre corps comme ne nous appartenant pas, mais comme appartenant à la famille. C'est dans cette dépossession de soi que s'enracine le tabou de la masturbation : notre corps ne nous appartient pas, il ne peut être source de jouissance pour nous-mêmes. Mais également la sacralisation du savoir : notre tête ne nous appartient pas, c'est l'autorité qui sait. À l'école, nous sommes censés recracher par cœur ce qui est dit. Nous sommes ainsi conditionnés à ne pas explorer notre intériorité, à être dans la détestation de soi, à n'exister que pour l'autre et à être dans l'obligation d'aimer.

« Aime ton prochain comme toi-même ! », ordonne la religion catholique. De fait, l'homme aime son prochain comme lui-même, avec le résultat désastreux que l'on connaît, puisqu'à la base l'homme se trouve dans l'obligation d'aimer en ayant le devoir de s'oublier et donc de se fermer à lui-même, au monde, de se castrer de ses sens et de sa créativité. Il est conditionné à faire plaisir pour se faire plaisir, à faire bien pour être aimé, à se soumettre à une autorité fictive pour après… Jusqu'à ce qu'à l'aube de sa mort on ne devienne que le remords de n'avoir pas joui de la vie. Et là, on sait qu'en réalité c'était pour des conneries.

Connais-toi toi-même

La notion d'égoïsme est paradigmatique de ce système qui connote péjorativement l'amour de soi. C'est ainsi qu'il produit des hommes à l'envers en miroir de l'autre, en proie à l'agressivité qu'ils absorbent sans écart et qu'ils doivent enterrer avec leur souffrance. Pourquoi ? Pour faire semblant d'aller bien et faire semblant d'aimer. Du coup, ce qui est refoulé est la haine, la souffrance, la culpabilité, et donc il ne reste que l'anticipation du pire qui est sa conséquence.

Or, il y a un au-delà au miroir qu'est l'autre, à qui l'on fait crédit a priori, à qui l'on donne du pouvoir à nos dépens, le pouvoir de nous reconnaître, nous qui ne nous reconnaissons pas. Cet au-delà du miroir réside dans les sens par qui nous pouvons savourer la beauté du monde et dans le sens interdit du langage qui recèle la clé des codes qui nous ont normé à l'envers de nous-même. Le langage est le médium universel qui nous lie à l'autre en nous projetant à la périphérie de nous-même tant que nous ne nous ouvrons pas à son pouvoir occulte. Ce pouvoir capture nos sens, notre tête, notre corps et notre cœur, au point que notre vie devienne une absurdité. Car c'est la surdité à nous-même qui grève la jouissance (J'oui sens).

Ce savoir dérobé sur l'essence des choses est à conquérir afin que notre vie prenne un sens, le sens de l'échange transformateur, porteur d'effervescence, l'échange s'enracinant également dans les chants du je.

ELSA CAYAT

▲ **2014** *Charlie Hebdo* n°1140 du 21 avril

MERVEILLES DE LA CLINIQUE

Cette semaine, je vais vous parler d'Elsa Cayat. En séance, au restaurant, en voiture ou en réunion, Elsa pouvait bondir, couper son interlocuteur et lui crier : *« Ouaaaais, voilàààà, c'est ça, voilà ! »* Dans *Une minute quarante-neuf secondes,* au chapitre consacré à la chroniqueuse de « Charlie Divan », Riss rend compte très justement de cette parole explosive. C'est le dessinateur qui fait revivre la psychanalyste. Sans pathos, comme dans les autres chapitres du livre. La précision du portrait est chirurgicale. (C'est un livre qui procède à une découpe du réel du massacre, à l'inverse d'un récit qui tenterait de rendre compte de la « réalité », avec la charge du pathos associée.)

Quel rapport avec la psychanalyse ? me direz-vous. Il se trouve que Freud compare la technique psychanalytique avec la chirurgie. Parce que le dispositif qu'il a inventé vise à enlever de la jouissance pathologique au symptôme, là où les psychothérapies s'attachent à ajouter du sens – alors qu'il y en a souvent déjà beaucoup trop, du sens.

Freud compare la psychothérapie avec la peinture, qui procède *per via di porre* – en ajoutant de la matière –, et compare la psychanalyse avec la sculpture, qui procède *per via di levare* – en enlevant de la matière.

Dans le même chapitre d'*Une minute quarante-neuf secondes,* il y a une trouvaille qui montre

▲ **2019** *Charlie Hebdo* n°1430 du 18 décembre

qu'une interprétation est souvent un trait d'esprit. Riss raconte qu'Elsa lui parlait souvent de sa fille, en répétant : *« C'est une merveille, c'est une merveille ! »* Et Riss d'ajouter qu'il aurait eu envie de lui répondre : *« Tu n'en reviens pas d'avoir une telle fille et, à travers elle, c'est toi la mère que tu encenses. Tu prononces* merveille, *mais tu penses je suis la mère qui veille sur sa fille. »* Un bon exemple de ce que peut produire une découpe du signifiant.

Pourquoi est-ce là une lecture super freudienne ? – qui, je pense, aurait fait éclater de rire Elsa. Parce qu'effectivement, on dit souvent autre chose que ce qu'on pensait dire. Autrement dit : on parle de quelque chose, et ça raconte autre chose. Il y a une coupure radicale entre celui qui parle et son dire, c'est ce que Freud a soutenu, et c'est ce qui a déplu. Et c'est ce que tous les praticiens de la psychanalyse continuent à porter, au grand dam des experts de tout poil, qui n'aiment pas du tout l'idée qu'on puisse être empêtré dans le langage, et qu'on ne puisse pas tout contrôler. (J'avais écrit *trou contrôler* : voilà, si on ne peut pas tout maîtriser, c'est parce qu'on se prend les pieds dans les trous du refoulement. Parce que, comme disait le grand Jack Claquant, l'inconscient est structuré comme un langage.)

Une personne à l'esprit vif, avide de connaissances

Les mères veillent sur leurs filles, donc. Et de veiller à surveiller, il n'y a qu'un pas. Dans *Écrire,* publié en 1993, Marguerite Duras raconte que sa maison à Neauphle-le-Château donne sur un étang et sur l'école du village. Elle écrit : *« Quand l'étang est glacé, il y a des enfants qui viennent patiner et qui m'empêchent de travailler. Je les laisse faire, ces enfants. Je les surveille. Toutes les femmes qui ont eu des enfants surveillent ces enfants-là, désobéissants, fous, comme tous les enfants. »*

Voilà, Elsa était assez connectée avec l'infantile, avec le gosse existant en elle, pour pouvoir crier comme un enfant qui veut se faire entendre.

On lui doit aussi d'avoir provoqué cette phrase de Delphine Horvilleur : *« Dieu est athée […] il est peut-être déjà sur le divan d'Elsa. »*

YANN DIENER

ELSA, UNE SŒUR

Quelques jours avant, nous déjeunions. Tu le sais, déjeuner avec toi était toujours un moment renversant. Ce jour-là, tu es apparue en fourrure bigarrée, verte et violette, bousculant littéralement tout sur ton passage, ne voyant que moi au loin. Je souris à ton interpellation unique, un *« çaaa vaaa ?»* hurlé, ouvrant notre dialogue avant même de m'embrasser. Joyeusement, tu t'assieds sans te soucier de ceux qui occupent la table d'à côté, bois dans le verre de voisins effarés, tout en allumant une seconde cigarette, la première se consumant encore dans le cendrier ! Tout est en place pour le *« Aaalors !? »*.

« *Aaalors !* », plus que tout autre parole, car nous ne nous disions jamais bonjour ou au revoir, signe d'un dialogue ininterrompu

Remarquable, ce dernier déjeuner – tu es agitée ! Cela faisait quelque temps que tu l'étais ! Fallait-il ou non rester à *Charlie* ?! La question revenait sans cesse. Les menaces étaient nombreuses, réelles et insistantes : menaces de mort par lettres, courriers antisémites, une poste abjecte. La question était sérieuse. Elle t'engageait, t'inquiétait, t'angoissait. Que fallait-il faire ? Question rhétorique, car il était entendu de longue date qu'il fallait mourir vivant. Se taire ? Se terre ? Se terrer ? S'enterrer ? Impossible, lâche et plus inquiétant encore que la menace réelle. Sen(s) terrer ? Enterrer le sens ? Impossible !

Tu as coupé court à toute réflexion ; tu as jailli de ton siège et, debout, en te tapant le thorax des deux mains, tu as hurlé : « C'est des conneries, regarde ce corps, ch'suis invincible ! ch'suis invincible ! »

Conséquence rocambolesque de la pratique du yoga que tu explorais et étudiais avec ténacité et intérêt depuis quelques mois. Le yoga, comme antidote au vieillissement, à la maladie, à la mort.

Nous étions joyeux et sérieux, tonalité d'une intimité rare. Nous nous étions désignés comme sœur et frère de vie. Notre conjugalité amicale, fraternelle et professionnelle de trente ans s'est, au fil du temps, enrichie de nos familles, conjoints, enfants, amis, collègues et carrières. Rares sont ceux qui ont déjeuné ou dîné avec nous, rares sont ceux qui ont été présentés ou invités à nos tête-à-tête. J'ai grandi à tes côtés, tu t'es apaisée à mes côtés. Nous étions les dépositaires de nos vies.

Tu étais libre, nous étions libres et en lien, nous partagions cela. Cette ambition d'être libre, non pas *contre* mais *pour* soi. Cette liberté qui ne peut être que valorisée, accompagnée, accordée par ceux qui nous aiment. Elle est non négociable pour que nous vivions. Elle est d'esprit, de corps et de sentiment. Toujours positive, elle témoigne de l'authenticité de nos engagements affectifs, intellectuels et professionnels. Je t'ai vue à l'œuvre ! Je t'ai vue dialectiser, penser, interroger, tordre et souffrir des difficultés à être libre. Je t'ai vue triste et blessée de l'incompréhension que cela induisait trop souvent. J'ai vu l'intensité que cela nécessitait que de se battre pour imposer et ne pas céder. J'ai vu comment il était impossible de te taire et de quitter *Charlie* ! Impossible de renoncer à être libre et de dire avec sincérité et intensité ton message d'amour et de lien au monde, à l'humanité pensante.

Tu te souviens du livre de Jonathan Littell, *Les Bienveillantes* ? Nous avions conclu qu'il était possible d'être mort avant de l'être. Tuer conduit à cela, tu (taire/tué/tuer/tu hais) – er (hais/es/l'être). Nous partagions ça, cette certitude que c'est de cela dont il s'agissait. Être libre et en lien plutôt que silencieux et aliéné. Il faut s'écouter ! Ses coups t'es ! T'haient ! Tuer ! Taire ! Il faut taire les coups et faire place à la voix ! Celle dont la capacité à s'entendre nous affranchit de la croyance.

Nous étions persuadés, et je reste persuadé, que la psychanalyse est une solution – peut-être pas la seule, encore que… – à la souffrance et à l'ignorance créées par la croyance. Tu l'as maintes fois dit, écrit : « *La croyance est/serait un abus nécessaire dont il faut se défaire pour accéder à l'amour véritable.* » C'est l'enjeu de la cure psychanalytique. Nous nous sommes rencontrés sur ce *bien entendu* que l'abus qui nous a été imposé enfants induisait une lucidité qui fondait nos êtres, nos relations et notre clinique. Cela justifiait et structurait notre intimité.

Dès notre rencontre à Esquirol, dans le service de psychiatrie du professeur Lanteri-Laura, nous avons dialogué intensément. Tu as partagé avec passion et conviction un champ auquel tu m'invitais. Tu m'as conduit à entendre et à constater combien même les patients chroniques installés dans l'institution avaient à dire ! Il y a toujours à entendre, ne jamais renoncer à déceler ce que ça dit plutôt que ce qui est dit !

Tu étais sincère, parfois violente et souvent inquiète, toujours jalouse de tes idées. Elles t'appartenaient, elles t'appartiennent

Après tout, c'est avec ton corps, « tes tripes » que tu travaillais. Tout discours clinique, psychanalytique, philosophique ou politique était disséqué,

« La souffrance humaine dérive de l'abus. Cet abus dérive de la croyance, c'est-à-dire de tout ce qu'on a bu, de tout ce qu'on a cru... »
Dernière chronique d'Elsa Cayat dans *Charlie Hebdo*

DE VIE

analysé, critiqué avec méthode, exigence, acharnement et intensité. Tu étais une clinicienne engagée, passionnée et sans retenue, lucide de l'effet que ta sincérité faisait. Adulée par tes patients, mais souvent douloureuse de ce que tu n'étais pas comprise par tant d'autres. Cela générait un sentiment de solitude, pas d'incompréhension ou d'isolement, mais d'esseulement, qui te précipitait à retrouver ton bureau, ton chat, ton chien, tes clopes, le café et surtout tes patients, tes livres, tes écrits ! Taisez/cris ! Car c'est de cela dont il s'agit. Taire tes cris !

Ton écriture était difficile, car difficile et injuste de devoir traduire l'impénétrable, dire les fulgurances, réduire un chemin de pensées. Être corrigée t'était insupportable. Que de tristesse et d'agacement, lors de nos échanges, confrontée à la difficulté d'être lue et comprise. Que le propos ne soit nécessairement qu'une partie du tout à dire. Douloureux travail d'écrire, autrement que pour toi. Être lue, travailler en groupe, tempérer cette intensité débordante, qui violente et agresse quiconque s'oppose, critique, contredit et raille ce qui est formulé par toi.

Ton agrippement à tes productions intellectuelles générait des colères radicales lorsque les vols ou emprunts étaient jugés trop manifestes.

Je me rends compte en t'écrivant à quel point le silence imposé contient tes cris, tes hurlements, ta rage. Faces sombres et mélancoliques de ta joie. Sensible, délicate, prudente, tu l'étais, tout attentive à l'autre qui à toi s'abandonnait et bénéficiait alors de ton intelligence, de ton humanité, de ton audace et de ta liberté.

Pour autant, il te fallait de la contradiction, de la bagarre, de la dispute pour vider ton énergie de sa noirceur tenace. Régénérer l'intelligence créatrice de sens, de compréhension à laquelle jamais tu ne renonçais. Amorcer une pensée critique, nourrie de lectures, d'échanges, de clinique, était l'antidote aux mélancoliques éclipses qui surgissaient et te submergeaient. Il y avait urgence – à vivre, à lire, à apprendre, comprendre et transmettre.

« Créons une école » – combien de fois en a-t-on parlé ! À table, bien évidemment. Fallait voir le tableau, bières bues, repas achevé, échauffés et enthousiastes, nous ré-évoquions ce qui manquait ! Ce qui te manquait, un lieu, une école, une université, un service pour transmettre, enseigner, faire entendre et discuter/disputer...

« Faisons la liste ! » Tout est débarrassé sur la table, sauf les verres, le cendrier plein et la nappe en papier ou en tissu qui servira de support à la liste de ceux que nous convoquions pour participer à l'aventure. Combien de nappes avons-nous griffonnées ? Combien de listes avons-nous faites ? Comme tu décelais immédiatement ce que tu détestais – le faux, l'opportunisme, l'emprunté, la bêtise –, les listes étaient difficiles, voire impossibles, à établir.

Tu savais qu'il y avait là une impossibilité, double d'ailleurs. Impossible de créer une école, Elsa : trop de passion, d'intensité, d'exigence. Cela aurait fini en bagarre générale, sans l'humour nécessaire pour que cette bagarre puisse être joyeusement sérieuse et sérieusement joyeuse ! Et puis, tu disais qu'il y avait une limite au savoir : à l'échelle du temps, nous n'aurions pas accès au tout du savoir. Cette juste acceptation induisait une urgence, l'urgence d'en savoir le plus possible et de faire trace avant que nous ne disparaissions.

Je me rappelle les paroles du rabbin Delphine Horvilleur à Montparnasse. Elle t'imaginait dans une yeshiva cayatienne, chahuter les étudiants qui malmènent le texte et les interprétations historiques ! Quelle belle vision, juste vision, que celle d'une pensée critique, qui doit l'être. Quelle belle leçon que l'étude talmudique qui exige la critique et prolonge la création interprétative. Là, tu as raison, tu avais raison, il n'y a pas de savoir fini ! Quel que soit le champ, ce qui est dit est recevable à condition d'être travaillé, critiqué, réinterprété avec exigence. Alors Elsa, ce que je dis, c'est que ce n'est pas la peine de faire une école, tu as fait école, car ce qui faisait école était ce que tu étais !

Me revient le fait que je t'ai remise à cheval. Une fois, un jeudi après-midi. Nous nous étions littéralement enfuis face à nos obligations pour que tu remontes à cheval ! Qu'Hortense soit devenue cavalière t'avait motivée. Mais avec qui d'autre aurais-tu fait cela ? Avec qui d'autre aurais-tu suffisamment eu confiance pour te laisser guider et pour chevaucher avec tranquillité ? Quelle belle et tendre confiance ! J'ai mis cinq ans à me remettre de ton absence. Il a fallu que je flirte avec la mort pour que quelque chose se réveille. Et c'est curieusement à cheval que cela est arrivé !

Je crois juste que l'on tisse le souvenir dans le fil du vivant en parlant avec nos absents.

Ton histoire est tissée dans le fil de ma vie, laquelle est souriante de nos fils à jamais entremêlés

Je n'aurais à dire plus de toi qu'à Hortense. La seule – pour moi – qui puisse avoir accès à notre intimité, celle à laquelle j'ai eu accès, en ce qu'elle t'était propre. Ce que j'ai à lui dire de toi, je le lui dirais en racontant ce que tu aurais eu à lui dire. Même si elle m'a dit lorsque cela a eu lieu, que tout ce que tu avais à lui donner tu le lui avais transmis...

Je reste là !

OLIVIER TARRAGANO
Psychiatre, psychanalyste et frère de vie d'Elsa Cayat

LA CAPACITÉ DE S'AIMER

Pourquoi avons-nous donc si peur ? C'est la question que pose ce livre, une question qui n'est pas anodine, car ce n'est pas d'une petite peur comme il en existe tant dont il s'agit, mais de la plus grande peur, cachée par tous les moyens : la peur d'être soi, d'être heureux, et d'être libre ; non pas dans l'absolu, mais soi parmi les autres, soi dans les liens d'amour que l'on cherche et que l'on tisse, soi dans la relation de filiation qui imprime sa marque indélébile dans le corps et dans l'esprit de chaque être.

Ce texte d'Elsa Cayat est un manifeste. Un manifeste qui sait que les individus peuvent être libres et capables. Affirmation classique et banale, me direz-vous, *« car nous sommes des individus libres en droits »*, affirment nos textes fondamentaux. Mais derrière cette magnifique proclamation de papier, ne voyez-vous pas, chers lecteurs, que le système nous vide – plus qu'il ne nous prive – de cette liberté et construit l'incapacité et l'irresponsabilité de tous ?

Le système, c'est l'armature de la société, de la politique et de l'économie, les préjugés sur lesquels reposent les lois, les valeurs et les normes mises en circulation. C'est en quelque sorte « la condition de l'homme moderne », l'homme poussé à passer hors de soi par l'impératif de rentabilité et de performance ordonné par une autorité d'autant plus oppressante qu'elle est désincarnée. C'est l'argent, non seulement comme bien, mais aussi comme mesure de sa propre valeur, comme système faux qui condamne à passer à côté de soi. C'est la science ramenée au rang de technique et qui conduit à la méfiance. En somme, donner aux humains la force de la technique (comme la procréation médicalement assistée), ce serait ouvrir les vannes de la production incontrôlée et criminelle d'enfants. Là où le désir d'un enfant est une aspiration lumineuse, la peur de l'inconnu, de la science regardée comme une technique (alors que toute science suppose une conscience) paralysent.

Derrière cela, il y a la peur de déconstruire et de modifier les normes. N'avez-vous pas entendu les uns et les autres dire : *« De tout temps, on a fait les enfants comme cela ? »*

Le fond du système, c'est donc la peur, la peur panique que l'on a vis-à-vis de la possibilité d'être libre et responsable, ce qui réduit l'homme à s'automatiser, à se fuir de l'intérieur et à s'accrocher à l'extérieur – au cadre, aux règles, aux normes, aux traditions. Partout on brandit l'intérêt de l'enfant pour priver du droit d'être parent une certaine partie de la population, à défaut d'interroger le sol sur lequel pourrait s'épanouir une relation parents-enfants ; partout on s'accroche au cadre au lieu d'interroger le fond. C'est la défiance portée au paroxysme vis-à-vis de gens rendus incapables de vouloir, incapables d'assumer des décisions difficiles qui engagent l'être.

Au lieu d'élever vers la liberté, on pousse à se réfugier dans ses peurs, à s'agenouiller devant des autorités fantasmées et prétendument incontestables (dame Nature en est le meilleur exemple). En somme, il vaudrait mieux vivre dans la peur et l'ignorance, blotti dans les recoins sombres d'un système autoritaire, comme le serf médiéval qui craint et exècre son seigneur mais se réfugie dans l'enceinte de son château fort quand la menace gronde, qu'exercer pleinement sa liberté de pensée et de conscience, mais une liberté qui est nécessairement sans filet, sans ce sacro-saint cadre auquel on se raccroche.

Ce texte d'Elsa Cayat est un manifeste

En effet, penser est un risque, vivre est un risque, être soi est un risque, car il faut surmonter ses blessures, notamment ses blessures originelles et constitutives, celles de

l'enfance, celles qui sont enfouies le plus loin dans l'inconscient. À l'évidence, c'est le plus grand risque, car l'on est chacun notre plus grand adversaire, l'ennemi le plus intime, celui qui connaît le mieux les failles, les faiblesses, les lâchetés et les désirs ; celui à qui l'on ne peut jamais mentir complètement, celui qui est le plus difficile à aimer tant l'amour et la haine sont proches.

Être capable de s'aimer soi-même

Voilà le sujet de l'essai qui va suivre. Il porte sur la difficulté et la capacité d'aimer et de s'aimer. Et d'abord à reconnaître la différence de l'autre, tant il nous est déjà difficile de faire une place à notre propre différence. Car pour pouvoir aimer l'autre et être aimé, il faut d'abord revenir à soi, être capable de s'aimer soi-même. Et c'est à travers la question de la filiation, débat qui fait rage dans l'actualité, qu'Elsa Cayat commence à observer la question de l'amour.

Ce livre fonctionne finalement comme une psychanalyse collective : mettre des mots et des histoires sur les mouvements qui travaillent la société et broient la réflexion sur la filiation et sur le droit. Il débusque la peur, cette peur de la femme, par nature vénale et irresponsable, qui ferait de son corps un objet, une marchandise. Et si l'on plonge plus profond encore, ne pas vouloir toucher à la famille, à son ordre, c'est refuser obstinément de s'interroger sur les liens d'amour, comme si la transmission génétique était garante de l'amour, comme s'il fallait des molécules d'ADN pour cela. Mais voilà, poser le lien génétique comme support automatique de l'amour évite d'ouvrir les yeux, de peur de découvrir qu'il n'y en a pas. Voilà l'individu renvoyé aux questions les plus essentielles : qu'est-ce qu'aimer et comment aimer ceux que la norme nous ordonne d'aimer « par nature » : nos parents ou nos enfants.

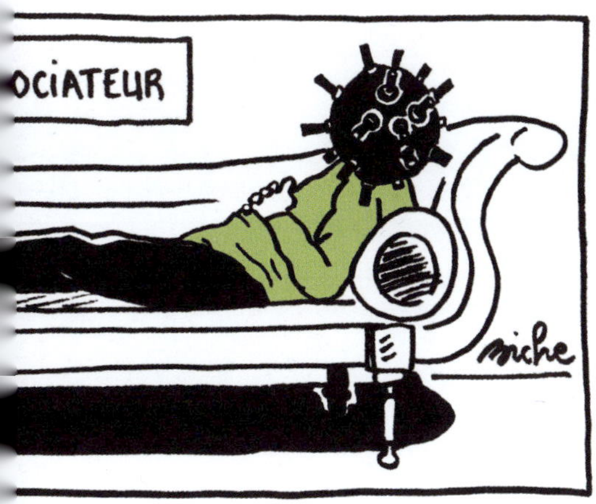

Et si ces présupposés étaient faux ? Et si le droit qui s'appuie dessus procédait d'une erreur ? Et si nous passions à côté de ce qu'est l'amour et la filiation ? Et si nous avions trop peur de regarder la société en face, dans l'immensité de ses préjugés et de son inconscient ? Et si nous avions peur de nous regarder nous-mêmes dans ce que l'on admet comme allant de soi, de peur de l'interroger, de remuer ce qui pourrait nous remuer mais qui, pourtant, est la seule manière de produire un amour véritable ? Ce sont les questions que pose ce texte. Elles ne sont pas minces !

Car derrière ces refus de s'interroger, on continue, sciemment ou non, à opter pour un contrôle croissant de la population, et pour la restriction des droits au nom de prétextes qui manquent de raison – à coups de mots faisant écran à une

réflexion qui déserte : « nature », « parent », « amour », « identité », « droit » et son « objectivité », « loi ». Alors, chiche ! Parlons de tous ces mots et de leur sens, mais parlons-en vraiment, non pas à partir de nos préjugés, mais en s'appuyant sur la théorie et notamment sur la psychanalyse, sur ce qu'elle a montré du langage. En effet, à quoi renvoie, par exemple, la notion de loi, notion érigée en absolu ? N'est-ce pas à cet imaginaire surmoïque enfantin empreint à la fois d'un désir immense de protection et de sanction punitive ? Alors peut-être que l'on comprendra mieux l'usage que l'on en fait aujourd'hui ! Toutes les lois sont fondées sur des présupposés in-interrogés dont seule l'analyse permet de dégager les idéaux cachés, les représentations politiques et morales, les normes qui structurent une société à une époque donnée. À l'évidence, c'est décapant.

Mais le simple fait de croire que les gens sont responsables et capables – notamment de se libérer pour s'aimer, aimer et prendre le risque d'exister – est en soi décapant, dans une société de l'incapacité généralisée.

FRANÇOIS-XAVIER PETIT
Historien et anthropologue
Préface du livre *La capacité de s'aimer*, Elsa Cayat, éd. Payot & Rivages, Essais Payot, 2015

CHARB.

21 AOÛT 1967
Stéphane Charbonnier (dit Charb)
naît à Conflans-Sainte-Honorine

ANNÉES 1980
Illustre plusieurs fanzines collégiens

1986
Publie son premier dessin de presse
dans *La Gazette du Val d'Oise*

ANNÉES 1990
Contribue à de nombreux journaux
(*Fluide Glacial*, *Télérama*, *L'Humanité*...)

1991
Collabore au fanzine *Canicule*
et au journal *La Grosse Bertha*

1992
Participe à la reparution de *Charlie Hebdo*

1994
Réalise des illustrations pour *Mon quotidien*,
journal dédié aux jeunes

2007
Dessine dans l'émission
T'empêches tout le monde de dormir, sur M6

2009
Devient directeur de la publication
de *Charlie Hebdo*

2012
Dessine dans l'émission
28 minutes, sur Arte

7 JANVIER 2015
Victime de l'attentat contre *Charlie Hebdo*

Charb dans les locaux de *Charlie* rue de Turbigo, en 2000 ▼

Charb à l'imprimerie, en 2009 ▼

▼ Charb dans les locaux de *Charlie* rue Abel Hovelacque, en 1994

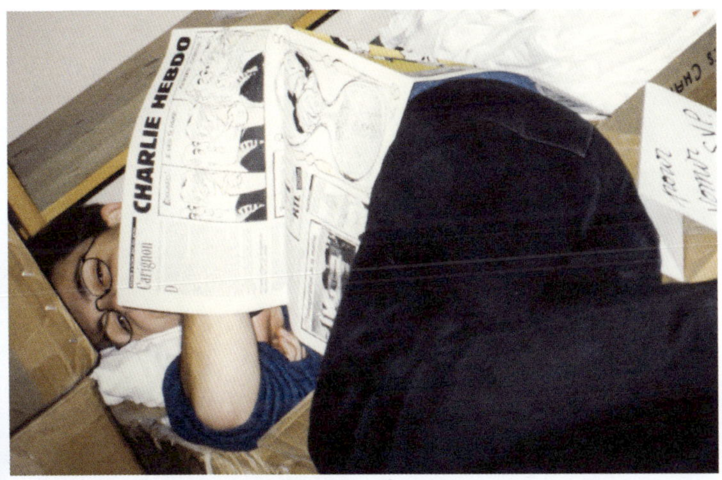

▼ Carte de presse de Charb pour l'année 2014

▲ Dessins de jeunesse de Charb sur une pochette de classe

◄ **1985**
Portrait de famille réalisé par Charb

1986

Charb participe à plusieurs fanzines collégiens, comme *Cause toujours*, *La Griffe* ou *L'Écho des collégiens*.

▲ **1986**
Le fanzine *L'Écho des collégiens*

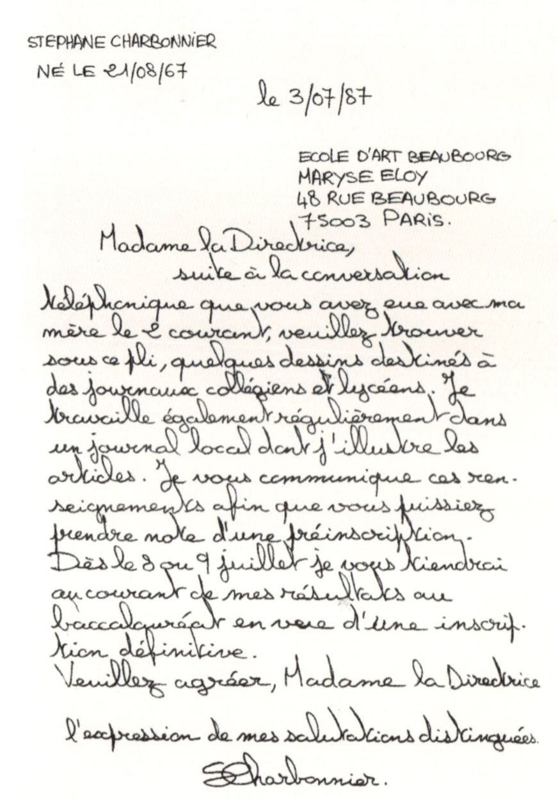
STEPHANE CHARBONNIER
NÉ LE 21/08/67

le 3/07/87

ECOLE D'ART BEAUBOURG
MARYSE ELOY
48 RUE BEAUBOURG
75003 PARIS.

Madame la Directrice,
suite à la conversation téléphonique que vous avez eue avec ma mère le 2 courant, veuillez trouver sous ce pli, quelques dessins destinés à des journaux collégiens et lycéens. Je travaille également régulièrement dans un journal local dont j'illustre les articles. Je vous communique ces renseignements afin que vous puissiez prendre note d'une préinscription.
Dès le 8 ou 9 juillet je vous tiendrai au courant de mes résultats au baccalauréat en vue d'une inscription définitive.
Veuillez agréer, Madame la Directrice l'expression de mes salutations distinguées.

S Charbonnier.

▲ **1987**
Charb envoie sa candidature pour entrer à l'école d'art de Beaubourg… en vain !

1986
Le fanzine *Cause toujours* ▼

1986
Le fanzine *La Griffe* ▼

1987

Charb travaille pour le cinéma Utopia de Pontoise où il tient la caisse. Il en profite pour illustrer la gazette du programme. La même année, il réalise des illustrations pour le journal de mathématiques *Tangente*.

◀ **1988**

Dessins de Charb dans *Tangente* ▼

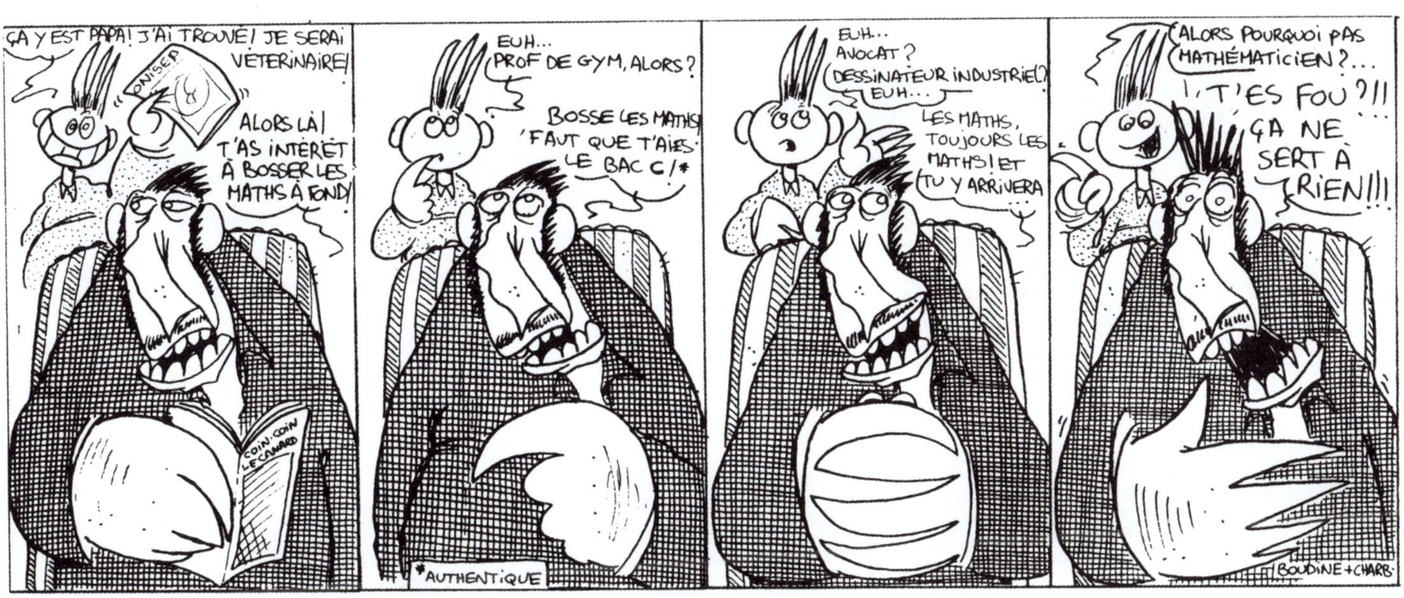

◂ 1991
Canicule n°2 d'avril

1991

Charb participe au fanzine *Canicule*, créé par trois lycéens, qui sera interdit en 1993 par le ministre de l'Intérieur Charles Pasqua, prétextant la loi de 1949 sur la protection de la jeunesse.

1992 ▴
Canicule n°8 d'avril

◂ 1992
Canicule n°7 de février

◀ **1991**
La Grosse Bertha
n°37 du 12 décembre

1992
La Grosse Bertha
n°62 du 2 avril ▼

1991

Charb intègre l'équipe de *La Grosse Bertha*.

◀ **1992**
La Grosse Bertha
n°55 du 12 février

▲ **1993** *Charlie Hebdo* n°47 du 19 mai

▲ **1992** *Charlie Hebdo* n°25 du 25 décembre

1992

Charb fait partie de la nouvelle équipe de *Charlie Hebdo.*

1995 *Charlie Hebdo* n°154 du 7 juin ▼

1995 *Charlie Hebdo* n°146 du 12 avril ▼

2013 *Charlie Hebdo*
n°1075 du 23 janvier

2013
Charlie Hebdo
n°1076 du 30 janvier

2010
Charlie Hebdo
n°939 du 16 juin

2008
Charlie Hebdo
n°838 du 9 juillet

2014
Charlie Hebdo
n°1135 du 19 mars

2013
Charlie Hebdo
n°1082 du 13 mars

2011
Charlie Hebdo
n°985 du 4 mai

2011 *Charlie Hebdo*
n°1017 du 14 décembre

Choses vues en Pologne

Choses vues en Palestine

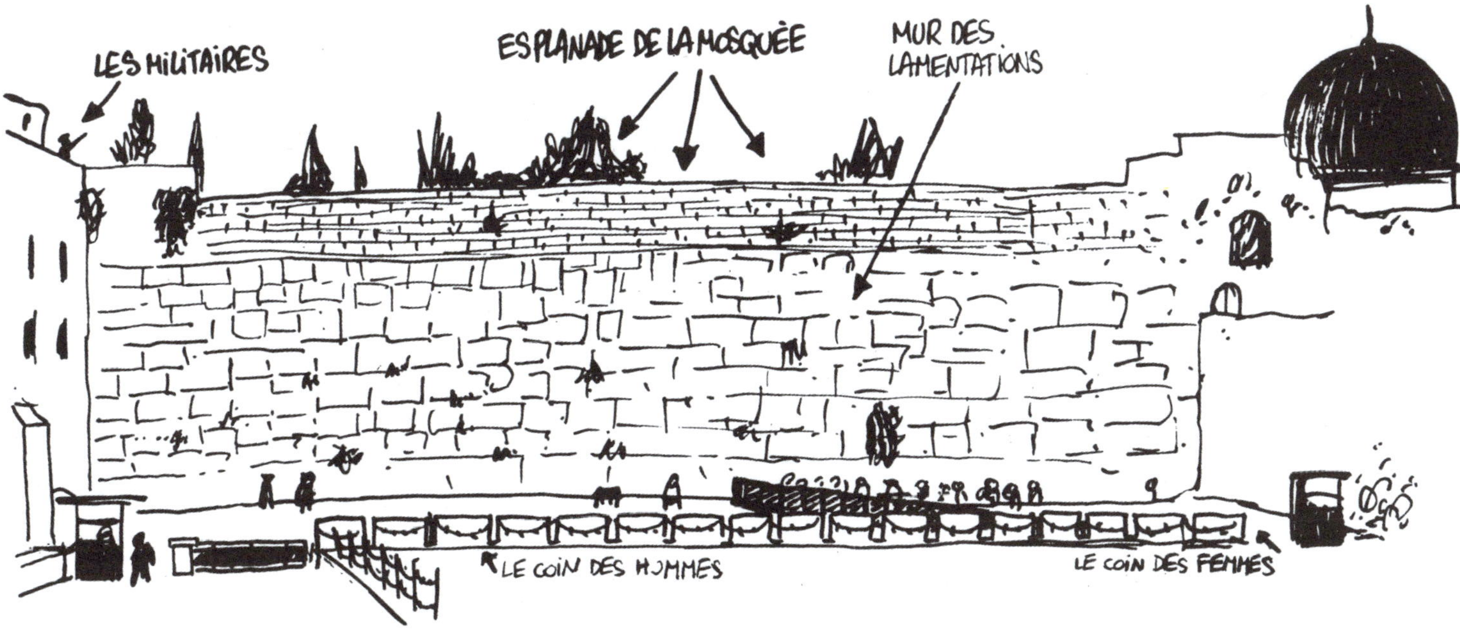

▲ **1993** *Charlie Hebdo* n°52 du 23 juin

◄ **1993**
Charlie Hebdo
n°40 du 31 mars

Paris-Pontoise
Une très belle jeune fille dans une très moche doudoune matelassée à sa copine : « Il a pas eu son BTS, je l'ai largué. »

Paris-Pontoise
Un tout petit mec avec une grosse voix de loubard à sa bande de potes : « Venez, on va mater les meufs aux Halles, y a plus de choix qu'ici, allez, p'tain, vous êtes des hommes ou quoi ? »

Paris-Pontoise
Un type avec des poils de nez longs comme des moustaches à sa grosse femme : « C'est les gens qui marchent le moins qui s'achètent les chaussures les plus chères ! »

1992

Paris-Pontoise, c'est le trajet que faisait Charb en train chaque semaine pour se rendre à *La Grosse Bertha*, puis à *Charlie Hebdo*. En écoutant les voyageurs autour de lui, il décide d'en faire une chronique dans *Charlie Hebdo* jusqu'en 2004.

Paris-Pontoise
Une jeune fille avec une frange en béton armé à son copain à casquette : « L'autre salope, elle me dit que mâcher du chewing-gum, ça fait vulgaire, mais je l'encule, moi ! »

Paris-Pontoise
Une grosse dame à un type qui fait la manche : « Vous enlèveriez toutes les saloperies que vous avez dans les oreilles, peut-être que vous trouveriez du boulot ! »

Paris-Pontoise
Une dame avec un parapluie à sa copine mouillée : « Ce qui tombe en ce moment, c'est autant qui ne tombera pas cet hiver. »

Paris-Pontoise
Une dame avec un pif de boxeur à un type en velours côtelé : « Ceux qui empoisonnent les chats, il faudrait leur faire la même chose... Ah, s'il y avait une justice ! »

◄ 1994
Charlie Hebdo
n°120 du 12 octobre

charb *n'aime pas les gens*

Le stade

Superbe !

ILS SONT FIERS, ils sont contents, ils sont plantés autour de la maquette de leur stade. Une bouse meringuée avec un trou au milieu et une plaque en verre par-dessus. Sur une autre photo, ils sont tous les quatre à la queue leu leu, une reproduction de leur travail sous le bras. *Smile.* Eux, ce sont les gagnants du concours, c'est leur stade qu'on va construire à Saint-Denis, c'est de leur tête qu'est sortie l'idée de construire un stade plutôt classique en forme de stade. Leur concept a séduit Balladur. Le Premier ministre a tranché en faveur du projet Macary, Zublena, Regembal, Costantini. Ils n'étaient pas favoris, pourtant. Le préféré de tout le monde, c'était le stade de Jean Nouvel, un stade plutôt moderne en forme de stade. Audacieux, trop, peut-être. Michel Platini, lui, est d'accord avec le choix du Premier ministre. Pour Michel, ce stade est *« beau, doux et harmonieux »*, c'est *« un îlot de douceur »*. Ce saladier à hooligans va coûter 1,955 milliard de francs. Les architectes lauréats et leurs bureaux d'études vont se partager 100 millions de francs. Non, ce n'est pas trop cher, c'est moins cher que le stade Jean Nouvel. A ce propos, Jean Nouvel, le favori d'hier, fait la tête. Il boude, il est déçu, vexé d'avoir perdu. Son stade était rectangulaire, alors que celui des autres est en forme d'ellipse. Il aurait donc dû gagner, il soupçonne une magouille, quelque chose de pas clair... (pourtant, non, tout est clair : le projet Nouvel, c'est Bouygues qui devait le construire, tandis que le projet des Dalton, c'est Bouygues qui le construira).

Le projet étron bat le projet colombin

Bande d'architectes de stade ! Chieurs de béton au kilomètre ! Comment ces types à cravate peuvent-ils dire sans éclater de rire que *« l'architecture de* [leur] *projet renvoie aux valeurs de l'olympisme de par la légèreté de la couverture, grâce aussi à ce disque placé comme en sustentation au-dessus des tribunes »* ? On leur a demandé de concevoir un entrepôt à crétins, un défouloir à pauvres types, une garderie pour supporters avec un poil de pelouse bien verte au centre pour permettre à vingt-deux veaux en short dopés aux hormones de bien transpirer des pieds. On a demandé à ces génies du Lego — car ce sont des génies — de tracer les plans d'un gigantesque enclos à cons (80 000 places !), ce qu'ils ont fait, et ils ont le cynisme de parler de leur atrocité bouyguesque comme d'une œuvre d'art ! Il fallait un endroit pour entasser le populo, ces esthètes l'ont pondu, point final. Mais non, les architectes ne s'arrêtent pas là, ils ont le sens de l'humour. Ils commentent leur sculpture, ils dissertent sur ses qualités artistiques en compagnie de journalistes qui s'ébahissent, de sportifs qui s'extasient devant tant de finesse. Le but du jeu, c'est de faire croire aux futurs clients du stade qu'ils sont gâtés, qu'ils ont leurs fesses posées sur du culturel. Regardez comme c'est joli où que vous êtes ! Oooh... font les supporters émerveillés, hi, hi, hi pouffent les architectes, qui savent, eux, à quoi ressemble un vrai chef-d'œuvre d'architecture.

Dans les bistrots, les supporters ont l'impression d'être devenus des critiques d'art. « Mais non, je te dis, le stade Jean Nouvel n'a pas une aussi belle corolle de gradins que le stade Machin-Chose ! » Les architectes assurent le service après-vente. Ils font vivre les gens dans des poubelles, mais uniquement après les avoir convaincus que ce sont des châteaux.

CHARB

1994

Dans *Charlie Hebdo*, Charb inaugure sa chronique « Charb n'aime pas les gens ».

2010
Charlie Hebdo
n°955 du 6 octobre ▼

► **CHARB N'AIME PAS LES GENS**

CON D'ÊTRE FIER !

Vous faites partie de cette majorité de gens qui n'ont pas choisi d'être français. Vous êtes né français. Comme il est absurde d'avoir honte ou d'être fier de quelque chose qu'on n'a pas choisi d'être, votre nationalité ne vous réjouit ni ne vous afflige. C'est un fait, vous êtes français. Eh bien, ce n'est plus tout à fait suffisant pour le ministre de l'Immigration, de l'Identité nationale et de l'Épuration ethnique. La presse a relevé la grotesque phrase qu'a lâchée Éric Besson dans *Le Parisien* du 28 septembre : *« Si mon ministère peut être une machine à fabriquer de "bons Français", je serai très heureux. »* Tout le monde s'est interrogé sur la notion de « bon Français ». S'il y a de bons Français, c'est qu'il y en a de mauvais. Qui décide qui sont les mauvais Français ? Que fait-on des mauvais Français ?

La sortie de Besson n'est pas une provocation. Ce type est devenu son personnage. La caricature que Sarkozy a dessinée sur la porte de ses chiottes s'est animée, elle a pris vie. Besson est un graffiti obscène qui bouge et qui parle.

Les « bons Français » ont fait oublier l'autre bessonade du ministre. Une phrase qui a tout de même fait le titre de son interview dans *Le Parisien* : *« Nous devons cultiver la fierté d'être français. »* Version longue : *« Être français ou étranger, ce n'est pas la même chose. Nous devons cultiver la fierté d'être français. »* Être français, c'est être différent des autres. Il faut prendre conscience de ces différences et se convaincre qu'elles font des Français des êtres supérieurs aux étrangers. À quoi bon être fier d'être français si on n'est pas persuadé que c'est mieux que d'être n'importe quoi d'autre ? Dans l'esprit de Besson, on est français par opposition aux autres.

Qu'est-ce qui peut donner à un étranger qui vient d'obtenir la nationalité française la fierté de l'avoir obtenue ? Il peut être fier de son parcours du combattant. Il peut être fier d'avoir surmonté tous les dangers, toutes les humiliations. Il peut être fier d'avoir échappé en tant que sans-papiers à la chasse que lui a donnée l'administration durant des années pour finalement recevoir une carte d'identité française. C'est ça, finalement, être fier d'être français : avoir réussi contre la volonté d'un gouvernement xénophobe à devenir citoyen d'une république démocratique. Quoi d'autre ?

De quoi peut-on être fier lorsqu'on réussit à devenir français ? Y a-t-il, par exemple, matière à être fier d'avoir un ministre comme Besson ? Non, évidemment. Mais il n'y a pas de quoi en avoir honte non plus. Pétain, ce n'était pas LA France, le commissaire à la question rom n'est pas non plus la France. Besson, c'est une poussée d'acné dont il faut venir à bout. Dont on viendra à bout. Besson, c'est l'anti-France. C'est l'épouvantail qui n'arrive pas à démotiver l'immigré à devenir français.

Fier d'être con !

S'il y avait une seule raison pour le Français né en France d'être fier, ce serait la détermination que montrent encore les étrangers à vouloir devenir français malgré tout. Malgré Sarkozy et sa bande. Pour eux, Besson n'existe pas. Besson est un détail administratif, c'est une erreur qui sera forcément rectifiée. Si Besson incarnait la France, effectivement, il n'y aurait personne pour devenir français. Plutôt apatride qu'être l'égal de cette courge frontnationalisée !

Le dernier mot à Éric Besson : *« Moi, je me sens 1 000 % français. »* Sachant qu'Éric Besson est 1 000 % français, à quel pourcentage faudrait-il se sentir français pour être fier de n'être pas Besson ? ■

charb@charliehebdo.fr

1994

Charb est le premier dessinateur du journal *Mon quotidien*, dédié aux jeunes de 10-13 ans. Il crée les personnages Cotillon et Rognon, qui deviennent les mascottes du journal.

1997

Mon quotidien n°653 du 8 septembre ▶

télé
Un nouveau magazine d'information
Six sur six est un magazine qui explique l'actualité. Il est présenté par Serge Molitor. Durée : 8 mn.
M6 20 h 35

UNIQUEMENT par ABONNEMENT tous les jours sauf dimanche et lundi
lundi 8 septembre 1997

Londres jeudi : des millions de fleurs en souvenir de la princesse Diana.

télé
Les Friends débarquent en France
La série préférée des Américains arrive sur France 2. *Friends* raconte la vie quotidienne d'une bande de six jeunes célibataires. Durée : 30 mn.
France 2 18 h 15

Mon Quotidien
n°653 *Le seul journal pour les 10-15 ans qui paraît tous les jours - 2F*

Des enfants sur la trace d'un «yéti» en Amazonie
En 1998, une expédition partira en Amazonie à la recherche d'un monstre. Une équipe va cette semaine repérer les lieux. *p. 3*

Rentrée *p.4*
Ce ne sont pas les élèves qui vont au collège des îles du Ponant. C'est le collège qui «va aux élèves» !

Mère Teresa *p.6*
La religieuse la plus connue du monde est morte vendredi. Mère Teresa venait en aide aux pauvres, en Inde.

74% des Français souhaitent que toutes les écoles primaires aient des ordinateurs.

Attention ! *Mon Quotidien* n'est pas vendu chez les marchands de journaux mais uniquement par abonnement (voir offre spéciale en dernière page).

1995

Mon quotidien n°139 du 11 juillet ▼

télé
Portrait de Jean-Paul Gaultier
Le meilleur de Fréquenstar est consacré au couturier à la mode Jean-Paul Gaultier. Durée : 1 h.
M6 15 h 05

UNIQUEMENT par ABONNEMENT du mardi au samedi
mardi 11 juillet

magnéto
La guerre qui divisa l'Amérique
De 1861 à 1865, une guerre civile divisa les citoyens d'Amérique. Récit d'*Une tragédie américaine : la guerre de Sécession.* Durée : 52 mn (clair).
Canal + 12 h 35

radio
Testez votre savoir musical
Testez vos connaissances musicales avec *Europe quizz* et gagnez de nombreux cadeaux. Durée : 1 h 30.
Europe 1 11 h

Mon Quotidien
n°139 *Le seul journal quotidien d'actualité pour les 10-15 ans - 2 F*

La science dira si Jesse James a bien été tué
Le célèbre hors-la-loi Jesse James n'a peut-être pas été tué, en 1882, comme l'affirme la légende de l'Ouest américain. *p.3*

Vacances *page 4*
Lancement cet été d'une campagne d'information sur les risques et les dangers des sports nautiques.

Catastrophe *page 6*
La Chine est victime de graves inondations qui ont déjà fait plus de 1 000 morts.

87% des foyers américains possèdent un four à micro-ondes.

Votre abonnement sera automatiquement suspendu dans 3 jours et reprendra le 22 août.

1995

Mon quotidien n°135 du 5 juillet ▼

télé
Le retour du jeu *Intervilles*
Après 4 ans d'absence, les jeux d'*Intervilles* reviennent avec une nouvelle équipe d'animateurs. Durée : 2 h 15.
TF1 20 h 45

UNIQUEMENT par ABONNEMENT du mardi au samedi
mercredi 5 juillet

Résumé du Tour de France tous les jours à 20 h 35 sur France 2.

magnéto
Des archives inédites de l'ex-URSS
Les mercredis de l'histoire fait le portrait du dictateur Staline à travers les archives inédites des services secrets de l'ex-URSS. Durée : 55 mn.
Arte 20 h 40

radio
Les 70's à la demande
Composez le programme de l'émission *Planète 70* en choisissant parmi les tubes des années 70. Durée : 2 h 30.
RTL 18 h 30

Mon Quotidien
n°135 *Le seul journal quotidien d'actualité pour les 10-15 ans - 2 F*

Des élèves de 6e ont créé leur dico d'argot
C'est avec les mots qu'ils emploient dans leur cité que des collégiens de Pantin ont créé un dictionnaire d'argot. *page 3*

Surf *page 4*
Début des Championnats du monde de surf à l'île de la Réunion avec seulement deux Français en compétition.

Méditerranée *p.6*
Avec 1 dollar (5 francs) par touriste on pourrait sauver la mer Méditerranée.

26% des Français vont toujours en vacances au même endroit.

Votre abonnement sera automatiquement suspendu cet été, du 14/07 au 21/08.

2004 Hors-série
L'Humanité de mai

1999
Télérama
n°2596 d'octobre

2004
NVO
n°3106 du 5 mars

2004
Le Monde des ados
n°62 du 10 mars

2011
Planète Paix
n°566 de novembre

2003
CCASinfos
n°241 de décembre

2000
L'Hebdo des juniors
n°372 d'octobre

2013 *Cuba Si France*
n°44 de mai

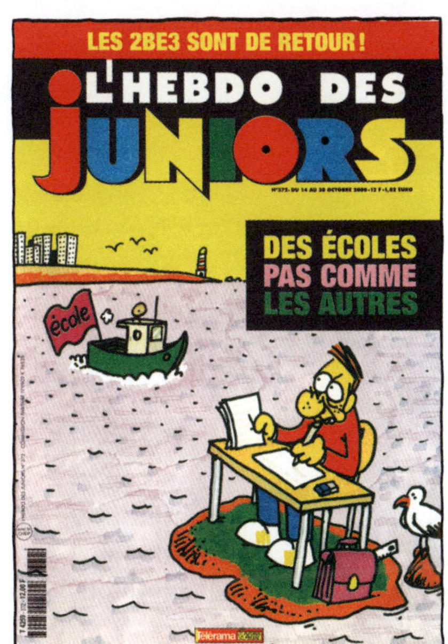

1995

Charb participe au lancement de *Chien méchant*, un mensuel de bandes dessinées politiques.

1998

Dans *Charlie Hebdo*, Charb crée un strip de trois cases avec deux personnages : Maurice le chien, et Patapon le chat.

2006
Charlie Hebdo
n°714 du 22 février ▶

◀**2012**
Charlie Hebdo
n°712 du 8 février

> **« J'AI VOULU FAIRE UN ANTI SNOOPY. TOUT CE QU'ON N'OSE PAS FAIRE, MAURICE LE FAIT »**
>
> CHARB

▲ **1998** *Charlie Hebdo* n°297 du 25 février

1999 *Charlie Hebdo* n°354 du 31 mars ▼

1999 *Charlie Hebdo* n°364 du 9 juin ▶

▶ **À BAS LA PUB**

50 F LA PUB, 100 F L'AMOUR

REGARDEZ BIEN ses yeux : cette fille a quelque chose derrière la tête. On pige quoi en lisant l'accroche de l'affiche : « *Maintenant que Paul peut offrir son billet prime à la personne de son choix, il n'y a plus qu'à devenir la personne de son choix.* » Le « *billet prime* », c'est un billet gratos pour un trajet sur Air France.

En gros, la fille lorgne sur Paul, non pas parce qu'il est beau mec, ni parce qu'il lui plaît, mais tout simplement pour se faire entretenir. Dans la tronche remplie de slogans lapidaires et de « concepts » du publicitaire, la femme est et restera pour l'éternité une intrigante intéressée. Une vénale. Donc une pute. Sauf maman, qui, elle, lave le linge et fait la vaisselle.

Pour les Séguéla juniors, il suffit d'agiter un billet de banque — ou d'avion — sous le nez d'une fille pour qu'elle accoure en faisant la belle. Une conception de la séduction et des relations humaines tout à fait en rapport avec ce que sont au fond les publicitaires : les ultimes miettes rassises des années 80. Les « années de la gagne », où le simple fait d'écraser la gueule du voisin était censé vous rendre heureux.

GÉRARD BIARD

◀ **1998** *Charlie Hebdo* n°329 du 7 octobre

▶ **À BAS LA PUB**

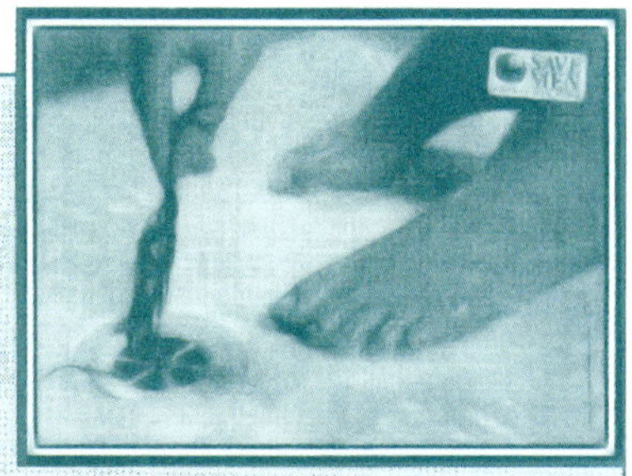

L'HORREUR PUBLICITAIRE

A PREMIÈRE VUE, en dépit de son côté résolument craspec, la nouvelle campagne d'affichage pour Kookaï, parodie des campagnes écolos de WWF baptisée « *Save Men* », est plutôt marrante et sympa. Pour une fois, ce sont les hommes qui trinquent, relégués au rang de poil de cul ou de rognure d'ongle par des femmes revanchardes. L'agence CLM/BBDO pousse jusqu'au bout le « concept » des précédentes campagnes, qui montraient de mini-hommes objets aux prises avec des dominatrices sans pitié. Mais en y regardant de plus près, tout cela a quelque chose de franchement déplaisant. C'est « œil pour œil, dent pour dent » érigé en principe ultime : on en a chié, il n'y a pas de raison pour que vous n'en baviez pas non plus. Pour survivre, les bizutées doivent se transformer en bizuteuses. Décidément, le publicitaire a du mal à concevoir l'idée même d'égalité. Pour lui, il faut forcément qu'il y ait un « gagnant », qui écrase la gueule de l'adversaire. Le monde selon la pub, c'est l'âge des cavernes libéral : il y a les dominants et les dominés. Quand elle veut faire moderne, elle inverse les rôles, c'est tout.

GÉRARD BIARD

▲ **1999** *Charlie Hebdo* n°382 du 13 octobre

▶ **À BAS LA PUB**

LES GROSSES TÊTES DE LA PUB

ÇA AURAIT PU ÊTRE une blague des « Grosses Têtes ». Raté, c'est une pub pour la décidément très inspirée chaîne de télé Eurosport (voir *Charlie* 315). « *Quel est le féminin de "assis devant Eurosport?"* » Réponse : « *Debout dans la cuisine...* » Illustration de la première partie de la devinette : un téléspectateur ahuri, en train de se mordre les lèvres, vraisemblablement en train de suivre un match quelconque. Pour la suite, on est prié de retourner l'affiche, afin de se délecter du gag de la fille pas contente du tout, « *debout dans la cuisine* », en train de tartiner des sandwichs. La femme idéale telle qu'on la chante autour des comptoirs, tout en trinquant avec les copains : toujours de mauvaise humeur, mais toujours d'attaque pour faire le service. On imagine l'ambiance dans les bureaux des créatifs de l'agence Euro RSCG Scher Lafarge. Il a dû en circuler, des traits d'esprit du même tonneau, avant qu'ils ne trouvent la blague idéale, la plus « second degré ». Il ne devait pas faire bon être une femme, au cours de ces « brain-stormings ». Les mains aux fesses devaient voler aussi bas que le niveau. Tas de beaufs !...

GÉRARD BIARD

◀ **1998** *Charlie Hebdo* n°317 du 15 juillet

SOUS LE SOLEIL
ARTER
CHARTER
CHARTER
CHARTER
CRS
PAPA! LE MONSIEUR, IL A CASSÉ MON CHÂTEAU!
BON, ALORS! TU VEUX DES CHICHIS OU DES CHOUCHOUS!
OH, LES FRÈRES! VOUS VENEZ FAIRE UN BŒUF!?
MATEUR!
UMP
AU CLANDESTIN INCONNU
REGARDE CE BRONZAGE PARFAIT!
CHARB.

◂ **2008**
Charlie Hebdo n°841 du 30 juillet

2008 ▴
Charlie Hebdo n°849 du 24 septembre

> **L'APÉRITIF** *de Charb*

Une taxe carbone pour rire

Manger du sucre et du gras, le tout amalgamé dans une barre dite chocolatée (c'est pas du chocolat, c'est du beurre de dessous-de-bras), c'est mal. Ce n'est pas interdit, c'est mal.

Le sous-titre de la publicité qui vante la barre chocolatée, le paquet de chips ou la saucisse cocktail le dit: ami consommateur, tu peux bouffer cette merde, mais sache que, si tu ne veux pas crever étouffé sous tes bourrelets, tu dois manger-bouger-suer-en-chier.com et ingérer cinq tonnes de fruits et de légumes par jour. Et sans faire la grimace, car manger équilibré doit rester un plaisir. Un plaisir, on a dit!

On vit dans un monde libre. À quelques restrictions près, le lobby des drogues et poisons peut mettre n'importe quel produit sur le marché, à condition d'informer le gros con de consommateur qu'il est un gros con de consommateur pour s'être fait piéger par la publicité vantant les drogues et les poisons... Évidemment, chaque publicité est destinée à titiller les papilles d'un client particulier. Chaque publicité est scientifiquement construite pour toucher un « cœur de cible » donné. Tout ce travail coûte cher au lobby des drogues et poisons, mais c'est efficace.

En revanche, la petite phrase, la toute petite phrase qui défile au bas de l'écran afin de mettre en garde le consommateur contre le produit promotionné au-dessus, ne coûte rien. Elle ne coûte rien parce qu'elle n'a pas été ciselée par une boîte de com' dans le but de toucher un public particulier. Elle vise tout le monde indifféremment. Alors que le message publicitaire m'est adressé spécifiquement, la phrase raisonnable et lénifiante qui l'accompagne ne s'adresse à personne.

Lorsqu'on mettra autant de moyens, de talent et de rouerie pour informer le consommateur sur les dangers d'une alimentation trop riche qu'on en met pour l'obliger à bouffer des cochonneries, on pourra dire que le discours du lobby des drogues et poisons aura été sérieusement contré.

Polluer la planète, rouler en bagnole, consommer des énergies fossiles, c'est mal. Ce n'est pas interdit, c'est mal.

Les postillons de Borloo, les ahanements de Rocard le disent, citoyen, tu peux continuer à rouler en 4x4, la clim' à fond et les fenêtres ouvertes, tu peux continuer à réchauffer tes Knacki Ball à la flamme de ta gazinière.

On vit dans un monde libre. Mais sache que, si tu ne veux pas que l'humanité soit réduite en cendres, tu dois sérieusement surveiller ton bilan carbone. Et, tiens, pour t'aider à prendre conscience qu'à chaque fois que tu appuies sur l'accélérateur tu noies un ours blanc, l'État va taxer l'essence, le gaz et le fioul des particuliers. On aurait pu se débrouiller pour qu'une petite phrase bien moralisante, bien nunuche, accompagne les pubs pour les voitures ou GDF, mais, non. La punition fait partie de l'arsenal pédagogique. Le consommateur sera donc taxé plutôt que tancé. Légèrement taxé. Et pendant que l'État punit le consommateur de consommer, les pubs pour les bagnoles et le gaz continuent d'être diffusées. Des pubs beaucoup plus séduisantes que la gueule et le discours de Rocard. Et pendant que l'État punit le consommateur de s'être laissé prendre dans les filets de la pub, le même État nous incite à consommer de la bagnole à coups de primes à la casse. (On dira que des voitures neuves consomment moins que des voitures hors d'âge, sans tenir compte du fait qu'il y a chaque année de plus en plus de bagnoles sur les routes.) Il faut relancer l'économie de la bagnole qui détruira la planète... tout en cessant de consommer de la bagnole. Plus exactement, en cessant de consommer de l'essence. Il faut acheter des voitures, mais ne pas les faire rouler.

Le gouvernement ne veut pas sérieusement que nous mangions moins gras, le gouvernement ne veut pas sérieusement réduire la consommation d'énergie fossile. Le gouvernement ne portera jamais atteinte à la consommation. Le gouvernement refuse catégoriquement de s'en donner les moyens. Pendant que Borloo se ressert un kir à la santé de la couche d'ozone, combien de gares de campagne ont été supprimées? Le plouc dont on se fout si facilement de Paris a-t-il d'autre choix que de prendre sa bagnole pourrie pour faire les dix bornes qui le séparent du village voisin? Même pour se rendre à la gare TGV, il est obligé de prendre sa caisse. Et la sacro-sainte mobilité qu'on réclame au chômeur pour retrouver du travail? Laisse ta bagnole au garage, mais sois prêt à te taper cent bornes pour aller bosser. Comment? Achète un cheval qui tirera ta Peugeot. Non, pardon, ce n'est pas la peine, le trajet domicile-travail ne compte pas dans ton bilan carbone. Le travail est sacré, il ne peut en aucun cas détruire la couche d'ozone.

Qui a imposé le tout-bagnoles en France? Le consommateur. Le consommateur a librement décidé un matin qu'il avait une envie furieuse de faire du 130 sur autoroute, diront le gouvernement et les industriels. Tu parles, la dictature de la bagnole, c'est l'État et les industriels qui l'ont mise en place. Ceux qui ont décrété que la voiture est obligatoire peuvent décréter qu'elle est inutile et faire en sorte qu'elle le soit. Ils ne le feront pas. À la place, ils ont demandé à Rocard de pondre une taxe minable.

La taxe carbone est l'équivalent de la petite phrase qui accompagne les pubs pour les barres chocolatées: elle ne sert à rien. Ou, en tout cas, elle est tellement dérisoire comparée au problème qu'elle est censée résoudre que sa mise en place ressemble à un gag. ■

◄ 2009
Charlie Hebdo
n°898 du 2 septembre

2009

Après le départ de Philippe Val, Charb devient directeur de la publication de *Charlie Hebdo*. Son premier édito, titré « L'apéritif de Charb », devient ensuite « L'apéro de Charb ».

▲ 2009
Charlie Hebdo
n°883 du 20 mai

2011 ▲
Charlie Hebdo n°981 du 6 avril

MORT AUX SURFERS

Un requin lui a arraché une jambe ! Une jaaaaaambe ! Le surfeur s'est vidé de son sang, s'est échoué, et il est mort sur le sable de telle plage de La Réunion ou d'ailleurs… Un drame, évidemment.

Et les surfeurs survivants de striduler et de hoquceter : c'est un scandale, une honte, une atteinte majeure aux droits de l'homme, si on ne peut plus se livrer à notre passion sans risquer de se faire becqueter par les dents de la mer ! On veut que les autorités lancent une fatwa contre l'animal assassin ! On veut se venger de cette ignoble saloperie ! Pourquoi la mairie n'a-t-elle pas posé des filets pour empêcher les prédateurs d'approcher les côtes ? *Nos* côtes ! Mieux: pourquoi on ne construit pas une sorte de mur de Berlin sous-marin ? Qu'est-ce que vient faire un squale dans notre milieu naturel, putain ! Un squale sans planche et même pas bronzé ! Notre seul point commun, c'est la dent de requin qu'on a autour du cou. Et encore, le monstre préhistorique, lui, ses dents, il les porte comme les ploucs : dans la bouche ! Aucun style !

C'est que ça gueule, un surfeur, quand on lui tend le micro. On regrette que les requins ne soient tueurs d'hommes que par accident. Je leur offrirais bien des harpons, aux chipoteurs de surfeurs, mais ces andouilles n'ont pas de pouce opposable. Conneries de nageoires ! Il va falloir attendre des millions d'années pour qu'un requin sorte de l'eau et achève d'une rafale de kalachnikov le bellâtre en short fluo qui raconte le drame qu'il vient de vivre à un journaliste de TF1.

Oh, Brice de Nice, ça te viendrait pas à l'idée de faire, je sais pas moi, du paintball dans une forêt infestée de tigres ? Bah naaaaan… Et pourquoi ? Pa'ce que j'aime pas le paintball… Hé, Brice de Merde, crève, c'est ce que tu fais de mieux !

De quoi a-t-on le plus besoin, de surfeurs ou de requins ? Le surfeur fait marcher le commerce des planches et des chichis au sucre, le requin, lui, nettoie la mer de tous ses animaux souffreteux, malades, abîmés. Le surfeur vautré sur sa planche se prend pour un sportif de haut niveau, le requin, lui, le prend pour une tortue handicapée. Le requin ne nettoie pas les océans que des clopin-clopant, il les nettoie aussi des connards. Vive le requin-bouledogue, vive le requin-tigre, vive tous les machins à grandes dents qui moulinent les branleurs suffisants avant de les chier !

Ouais, mais le surf, c'est une passion ! Avant, seules les religions justifiaient toutes les aberrations, maintenant, c'est la passion. Moi, ma passion, c'est de danser le hula hoop dans les savanes peuplées de rhinocéros. C'est là qu'on danse le mieux le hula hoop. Comment ça, c'est dangereux ? Quelqu'un voudrait s'y opposer ? S'opposer à MA passion ? Scandale ! J'ai moins de 7 ans d'âge mental et, si on me contrarie, je me roule par terre. Fais mieux que ça, surfeur, roule-toi dans l'eau ! Dans une eau bien trouble de l'océan Indien, passé 17 heures…

Je crois que vous serez d'accord, il faut autoriser la chasse aux surfeurs dont les gourmettes bouchent les intestins de nos amis les requins. *Amen.*

CHARB

▲2012
Charlie Hebdo
n°1051 du 8 août

2009

Charb publie ses « fatwas » dans *Charlie Hebdo*.

Suite à la publication d'une « fatwa » dans le numéro 1051 qui se moquait des surfeurs squalophobes de La Réunion, et suite à la publication sur le compte Facebook de *Charlie* d'une photo grotesque de moi en surfeur, des surfeurs ont vivement réagi. Se moquer des surfeurs de La Réunion, c'est facile, raison de plus pour qu'ils le fassent eux-mêmes. Nous ne publions ici qu'une infime partie de leurs cris de douleur. L'intégralité est sur Facebook. (Afin de protéger les familles du ridicule, nous avons supprimé les noms des auteurs.) **Charb**

"si tu remplaces le mot surfer par pd, juif ou autre minorité, le monde entier crierai à la diffamation. mais là non, les surfers c'est bien connu, c'est tous des trous de bal ! c'est bien légitime que chacun puisse lire pisser dessus, ils le méritent, EUX ! rajoute à ça une sorte de clivage créole vs zoreil (blanc métropolitain) qui se met en place, avec de véritables relents de racisme (on m'a sorti, pas plus tard que ce week end : alors zoreil, ton bann dalon la fé crok a zot ? tant mieux koma zot issa rent zot péi), bin oui on a plus trop envie de rire là !"

"Tu n'as rien d'autre a faire dans ta triste vie ???? Assassin."

"ET LA CHASSE AU LOUP QUI VIENT D'OUVRIR T EN PENSE QUOI... HEIN CONNARD ?"

"ON PEUT RIRE DE TOUT MAIS PAS À N'IMPORTE QUEL MOMENT"

"ne vient pas a la réunion : ce ne sont pas de menaces mais un conseil pour ta sécurité, tu est un crocodile charb : la moitié du corps c est la bouche... t es fort pour provoquer ; et bien tant mieux car il ne doit pas y avoir grand choses d autre pour toi : les gonzesses avec ta gueule on peut pas espérer et le sport avec ta musculature.. eh bien c est pareil !"

"j'étais indigné qd on a fait sauter vos locaux, aujourd'hui je me dis : « dommage que chab a pas sauté avec »"

"ON A BIEN VU TA TÊTE.. TU DEVRAIS TE CACHER"

"On n'a plus le droit d'être raciste, antisémite, misogyne, homophobe ? Rassurez-vous, salopards et racistes de France : il vous reste les surfers réunionnais pour vous défouler."

"Si y'en a un qui aime rire de tout c'est moi. Petit-fils de déporté et pourtant je suis capable de rire de ça mais... Le but de l'humour et de la provoc c'est quoi ? Faire réfléchir."

"je te souhaite du malheur dans ta vie, oui plein ! de la souffrance, j imagine déjà comme on se ferait plaisir sur ta page si un de tes momes crève.. t en as pas ? c est pas grave un de tes proches a qui il arrive une histoire sordide..."

"Chtarb est un lâche et un médiocre, au lieu de faire amende honorable ou au moins de la fermer un temps le type en remet une couche. C'est minable, CH est devenu un truc informe, sorte d'organe officiel pour post-cocos mal dégrossis."

"Et si on jouait à « écrase les enfants de CHARB devant l'école » ce pourrait être drôle, ça nous permettrai à tous de prendre de la distance avec les drames... Des autres."

"VOUS DESINFORMEZ LES FRANÇAIS."

"VAS Y CONTINUE TES PROVOCS INUTILE QUI FONT RIRE QUE TOI ET QUELQUES CONS, VAS Y TANT QUE T Y ES FAIS DES AFFICHES OU TU TE FOUS DE LA GUEULE D ENFANTS BLESSÉS EN SYRIE, DE VICTIMES DE VIOLS,..."

"C'est quand même dommage que ta nana ou plutôt celle que tu convoitais mais qui n'a jamais cédé (on se demande pourquoi) se soit barré avec un surfeur..."

"BURN IN HELL !!"

▲ 2012
Charlie Hebdo
n°1054 du 29 août

2012

De nouvelles caricatures de Mahomet publiées dans *Charlie Hebdo* embrasent l'opinion publique, qui accuse le journal d'irresponsabilité. La semaine suivante, deux numéros sont mis en kiosque, l'un titré « Journal responsable », à remplir par le lecteur, l'autre « Journal irresponsable ».

◀2012
Charlie Hebdo n°1057 du 19 septembre

2012
Charlie Hebdo n°1058S du 24 septembre ▼

“ LA LIBERTÉ DE LA PRESSE EST-ELLE UNE PROVOCATION ? ”
CHARB

◀2012
Charlie Hebdo n°1058 du 24 septembre

2013

Charb publie, avec la journaliste Zineb El Rhazoui, la bande dessinée *La Vie de Mahomet* : un récit qui retrace l'histoire du prophète, telle que l'ont rapportée les chroniqueurs musulmans.

◀ *La Vie de Mahomet,*
Zineb El Rhazoui et Charb, Les Échappés, 2013

2014 *Charlie Hebdo*
n°1132 du 26 février

2014
Charlie Hebdo
n°1159 du 3 septembre

2014
Charlie Hebdo
n°1145 du 28 mai

2014
Charlie Hebdo
n°1130 du 12 février

2014
Charlie Hebdo
n°1172 du 3 décembre

2014
Charlie Hebdo
n°1134 du 12 mars

2014
Charlie Hebdo
n°1135 du 18 mars

2014 *Charlie Hebdo*
n°1143 du 14 mai

2013 ▶
Charlie Hebdo n°1072
du 2 janvier

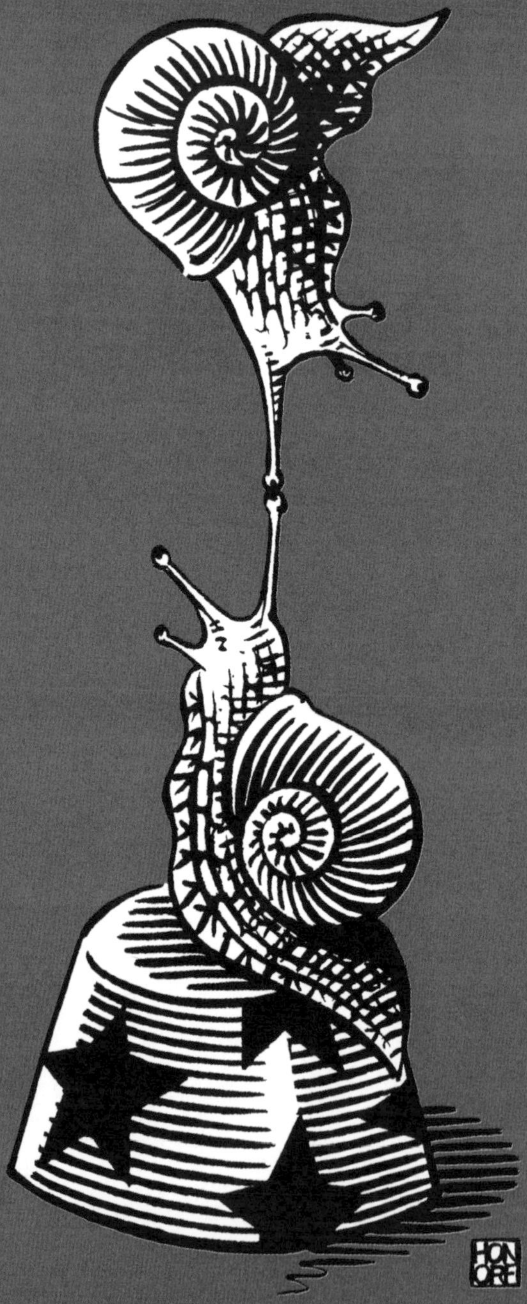

25 NOVEMBRE 1941
Philippe Honoré naît à Vichy

1957
Publie ses premiers dessins
dans le quotidien *Sud Ouest*

ANNÉES 1980 • 1990
Contribue à de nombreux journaux
(*Phosphore*, *Le Monde*, *Le Nouvel Observateur*,
Libération, *L'Événement du jeudi*,
New York Times, *La Vie ouvrière*...)

1983
Crée des rébus littéraires
publiés dans le magazine *Lire*
et dessine dans *Le Magazine littéraire*

1991
Collabore au journal *La Grosse Bertha*

1992
Rejoint la nouvelle équipe de *Charlie Hebdo*

2002
Illustre l'ouvrage *Bestiaire*, d'Alexandre Vialatte

2007
Illustre *La Symphonie animale. Comment les bêtes utilisent le son*, d'Antonio Fischetti

2011
Illustre *Comment attirer le wombat*, de Will Cuppy

2013
Reçoit le trophée de Meilleur dessinateur
décerné par l'école Estienne

7 JANVIER 2015
Victime de l'attentat contre *Charlie Hebdo*

▼ Honoré en dédicace de la revue *Tango*, en 2010

Honoré lors du festival de Saint-Just-le-Martel, en 1993 ▼

▲ Honoré avec sa chienne Malibu, en 2006

Honoré et sa fille Hélène, en 1985 ▲

Honoré lors du festival de Saint-Just-le-Martel, en 1992 ▶

1969

Honoré participe
à l'*Almanach Vermot*.

Je voudrais des oranges sanguines...

1976 *Dessins presse* n°2, dédié à la presse ▶

1976

Honoré réalise des illustrations pour le mensuel *Dessins presse*.

▲ **1977** *Dessins presse* n°5, dédié à l'information

1977 *Dessins presse* n°9, dédié à l'armée ▶

▲ 1978
Dessin d'Honoré publié
dans un recueil contre la
coupe du monde d'Argentine

À ses débuts, Honoré pratique la technique de l'encre soufflée :
de l'encre de Chine projetée à travers un corps de stylo bic ou une paille en métal.
Par la suite, il adopte le procédé des hachures, puis des aplats noirs.

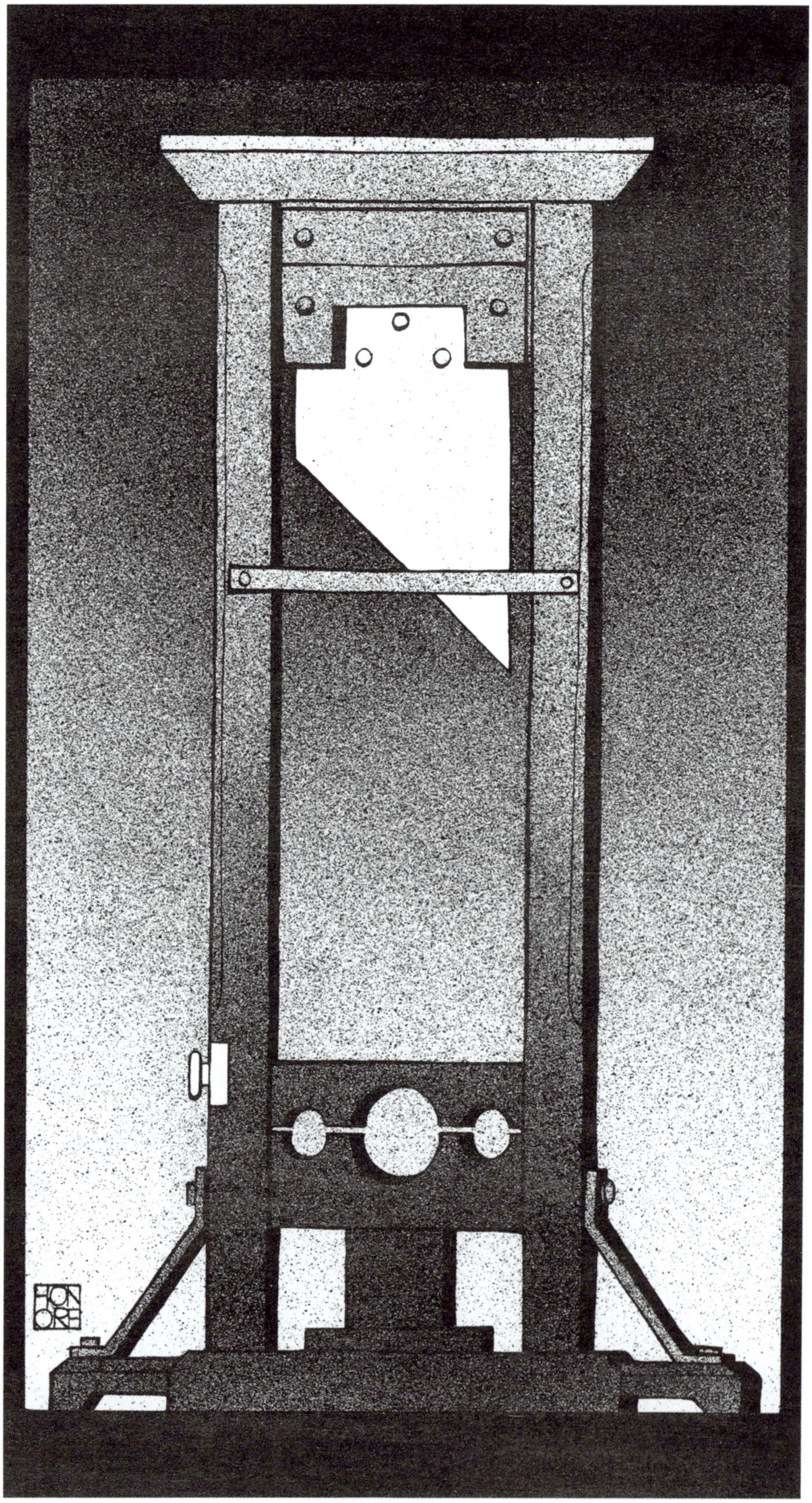

▲ 1978

Hara-Kiri n°196
de janvier

Honoré - deux balles - ZAC (Honoré de Balzac)

Écrivain français du XIXe siècle qui aimait la comédie.

“ MON GRAND BONHEUR, C’EST DE PROVOQUER UN PLAISIR INTELLECTUEL AUX GENS QUI CHERCHENT LES SOLUTIONS ”

HONORÉ

1983

Honoré commence à dessiner des rébus littéraires pour le magazine *Lire*, qu’il publiera chaque mois jusqu’en 2015.

Rat - scie - nœud (Racine)

Chez lui ce sont les passions qui brûlent les planches.

Houle - lit - pot (Oulipo)

Les membres de ce groupe firent de la broderie avec les mots.

Molle - I - R (Molière)

Il nous légua d'impérissables types humains.

Faon - tome - as (Fantomas)

Ancêtre des grands criminels, romanesque et misanthrope.

1984

Honoré illustre un article de la Déclaration universelle des droits de l'homme dans un ouvrage collectif.

1984
Dessine-moi un droit de l'homme, éd. de l'EIP ▶

▲ **1989** *Le Magazine littéraire* n°264 d'avril
Dessin de Robinson Crusoé par Honoré : « L'héritage de l'utilitarisme »

1991 *Lire* n°188 de mai ▲
Dessin de Rimbaud par Honoré :
« Rimbaud otage de la République ou comment récupérer un rebelle »

◀ **1992** *Lire*
n°196 de janvier
Couverture d'Honoré

1990 *Lire* n°172 de janvier
Dessin d'Honoré sur la disparition
de Georges Perec en 1982, pour illustrer
l'article : « Roman, mode d'emploi » ▶

LA POSTE EDITE UN TIMBRE INCLUANT
L'ILE DE PAQUES DANS LA POLYNESIE FRANÇAISE

PCF, LA FIN ?

▲ **1991** *La Grosse Bertha*

◀ n°32 du 5 septembre

L'UKRAINE REND SES MISSILES NUCLEAIRES
A LA RUSSIE

1991

Honoré rejoint la rédaction de l'hebdomadaire satirique *La Grosse Bertha*.

1994 Molière,
Le Malade imaginaire, éd. Classiques Larousse
Couverture réalisée par Honoré ▶

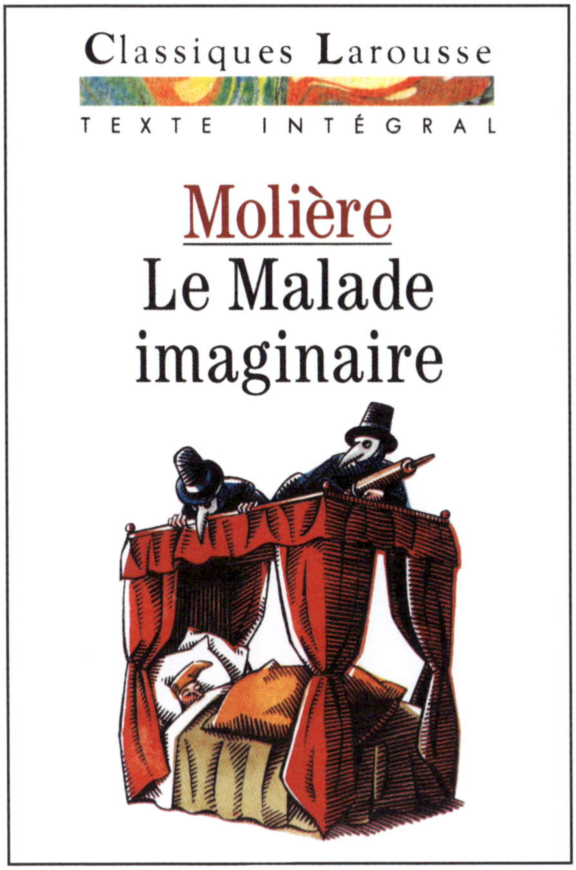

▲ **1992** Molière,
Le Tartuffe, éd. Classiques Larousse
Couverture réalisée par Honoré

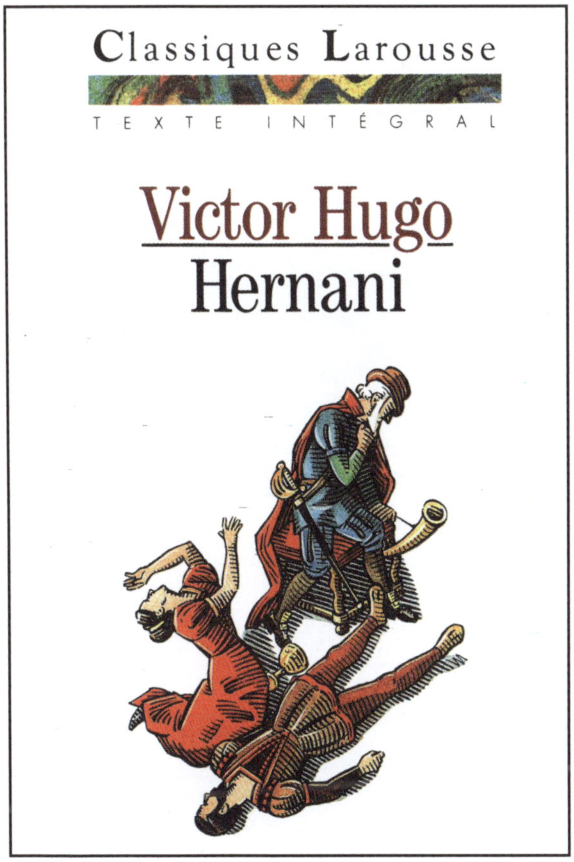

1992 Victor Hugo,
Hernani, éd. Classiques Larousse
Couverture réalisée par Honoré ▶

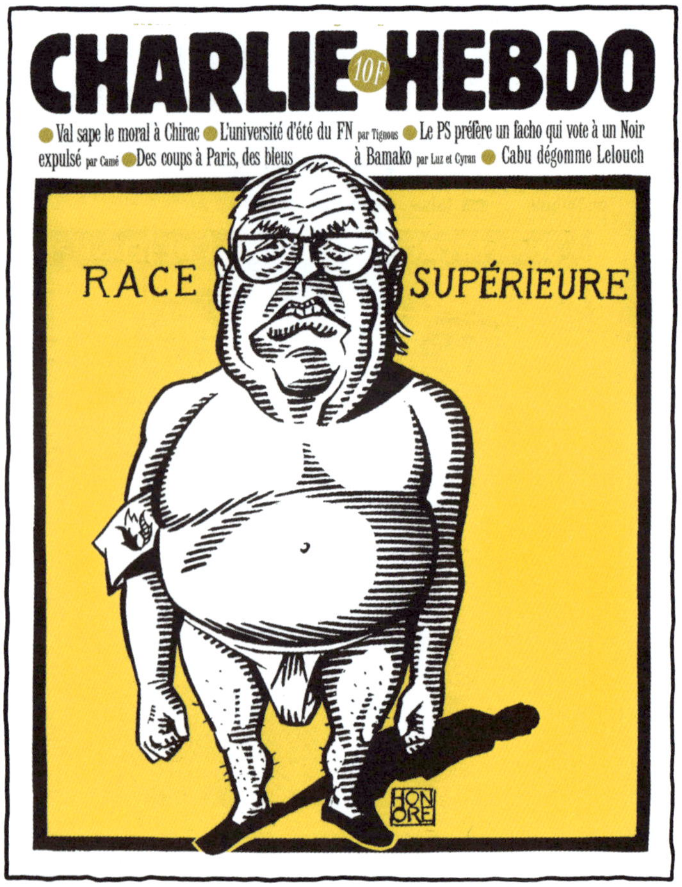

▲ **1996** *Charlie Hebdo* n°220 du 4 septembre

▲ **1996** *Charlie Hebdo* n°237 du 31 décembre

1992

Honoré fait partie de la nouvelle équipe de *Charlie Hebdo*.

1999 *Charlie Hebdo* n°353 du 24 mars ▼

1997 *Charlie Hebdo* n°261 du 18 juin ▼

SCOOP : LA VIE CACHÉE DE LA RÉDAC CHEF DE « CLOSER » P. 2
22 JANVIER 2014 / N° 1127 / 3 €
CHARLIE HEBDO
JOURNAL IRRESPONSABLE
ÉCONOMIE
L'ÉTERNEL PARI DU MILLION D'EMPLOIS P. 6
JO DE SOTCHI
POUTINE AU PARADIS DE LA NEIGE ARTIFICIELLE P. 13
SOCIAL-DÉMOCRATIE
HOLLANDE LÈVE LE SECRET DE POLICHINELLE P. 5
NOUVEAU
HORS-SÉRIE EN KIOSQUES
VALÉRIE TRIERWEILER VA MIEUX

▲**2015** *Charlie Hebdo* n°1127 du 14 janvier

Le journal de la France d'en haut !
CHARLIE 2€ HEBDO
LA GUERRE VUE D'ISTANBUL : reportage sur le fil en Turquie p. 7
UN CHARTER PAR SEMAINE : et si l'Afrique faisait pareil ? p. 6
RECONSTRUCTION DE L'IRAK : LES CASSEURS SONT LES ENCAISSEURS
Les entreprises déjà retenues pour reconstruire l'Irak ont deux particularités : elles sont toutes américaines, et elles ont toutes des liens avec l'administration Bush. Après le conflit armé, le conflit d'intérêts. p. 2
BUSH DÉCRÈTE UNE JOURNÉE DE JEÛNE

▲**2003** *Charlie Hebdo* n°563 du 2 avril

2010 *Charlie Hebdo* n°923 du 24 février ▼

VIOLENCES SCOLAIRES. UN GILET PARE-BALLES POUR LES PROFS P. 3
24 FÉVRIER 2010 / N° 923 / 2 €
CHARLIE HEBDO
www.charliehebdo.fr
PÔLE RELIGIONS
LA NOUVELLE BIBLE DU QUAI D'ORSAY P. 2
ÉLISABETH BADINTER
« HALTE À LA DICTATURE DES PONDEUSES ! » P. 15
OUTRE-MER
LES RÉSEAUX PASQUA DANSENT LA BIGUINE AU TRIBUNAL P. 5
RÉGIONALES SPÉCIAL NORD PAS-DE-CALAIS
GRAND EMPRUNT

1997 *Charlie Hebdo* n°243 du 12 février ▼

CHARLIE 10F HEBDO
● Vitrolles : 40 dessins dans la gueule à Mégret
● Banlieues : interview du réalisateur d'*Hexagone*
● Le FN directeur des programmes de TF1
VITROLLES Le pays du soleil a élu Mr Nuit et Mme Brouillard

1997

Honoré réalise, avec le critique Michel Boujut, des chroniques dessinées sur le cinéma dans *Charlie Hebdo*.

▲ **1997** *Charlie Hebdo*
n°284 du 26 novembre
Illustration du film *Le Goût de la cerise*, d'Abbas Kiarostami

1997 *Charlie Hebdo* ▶
n°280 du 29 octobre
Illustration du film *En chair et en os*, de Pedro Almodovar

un strapontin *pour deux*

BOUJUT et HONORÉ

De Bresson et de quelques autres

ROBERT BRESSON avait vu le jour au tout début du siècle, en 1901. À quelques jours près, il en a manqué le terme. Avec Bresson, docteur, est-ce que ça ne serait pas le cinéma qu'on met en terre ? Le grand inventeur de forme et de langage, en tout cas *« preux chevalier du cinématographe »*, comme dit sans rire *Le Figaro*, a rejoint le cercle des poètes disparus de l'écran, Chaplin, Ford, Ozu, Lang, Fellini, Hitchcock, Buñuel, Cassavetes, et autres immenses pourvoyeurs d'imaginaire… *« L'avenir du cinématographe,* écrivait Bresson, *est à une race neuve de jeunes solitaires qui tourneront en y mettant leurs derniers sous et sans se laisser avoir par les routines matérielles du métier. »* On verra bien ! D'une décennie à l'autre, ce sont des « jeunes gens solitaires » qui ont renouvelé avec les outils que la technique mettait à leur disposition la langue-cinéma : chantres de l'expressionnisme allemand, néoréalistes italiens, surfeurs français de la Nouvelle Vague, poètes zen nippons, adeptes du *Dogma* danois, bricoleurs inspirés de partout…

À l'aube du XXIe siècle, le cinéma fait le grand écart entre *Titanic* et *Rosetta*, George Lucas et Abbas Kiarostami, autrement dit entre les productions transgéniques et les œuvres à hauteur d'homme. Une petite comédie américaine sortie entre les fêtes, *La Muse*, de Robert Brooks, traite en satire des secrets de fabrication hollywoodiens. Son héros est un scénariste dont l'inspiration s'est tarie sous les diktats des studios. Un ami lui présente une entreprenante jeune femme blonde (Sharon Stone en personne), Sarah, authentique muse, au sens mythologique du terme. Si ! C'est-à-dire une inspiratrice et une dépanneuse ! *« À Hollywood, on croit n'importe quoi ! »*, dit un des protagonistes avec un clin d'œil. Le scénariste, lui, va y croire dur comme fer. Mais en échange des conseils qu'elle lui prodigue, la muse exigera le prix fort, chieuse absolue et croqueuse de biens matériels. La « clientèle » de ladite va de Rob Reiner à Martin Scorsese, en passant par James Cameron… ce qui donne rétrospectivement le frisson. Ce serait donc elle la vraie conceptrice de *Titanic* et des autres triomphes du box-office ! Tout s'explique. Hollywood a sa muse et nous n'en avons pas ! Que faire ?

Rien de tel que les studios de Hollywood pour vendre l'Amérique au monde

Je retrouve dans une vieille revue une phrase de Theodore Roosevelt, président des États-Unis dans les années 1900. Écoutez bien : *« Partout où nos films pénètrent, nous vendons davantage de voitures américaines, de nourriture américaine, de produits américains… »* Tout est dit, n'est-ce pas ? Et avec le cynisme approprié.

Hollywood a toujours été la capitale du *ciné-achat*. Ce sont ses films qui ont vendu l'Amérique au reste du monde. Hollywood, fabrique gigantesque de propagande pour l'*american way of life (and death)*. Tous les films sortis de là, les purges comme les chefs-d'œuvre, ont été les têtes de pont de l'envahissement culturel. C'est ainsi et pas autrement. Faisons-nous une raison ! La cinéphilie, maladie infantile du septième art, aura donc servi à ça ! Je schématise odieusement, bien sûr. Mais il y a du vrai là-dedans, non ?

Plus que trois jours à attendre *Une pour toutes*, le nouveau Lelouch. Dès le 1er janvier 2000, les conneries (re)commencent !

MICHEL BOUJUT

P.-S. Au fait, quel est le plus petit dénominateur commun entre Bresson et Besson ? Jeanne d'Arc, bien sûr ! Tous les deux l'ont fait brûler… Merci, Honoré.

1999 *Charlie Hebdo* ▲
n°393 du 29 décembre
Illustration d'Honoré pour le film
Jeanne d'Arc, de Luc Besson

2007

Fasciné par les animaux, Honoré illustre l'ouvrage *La Symphonie animale. Comment les bêtes utilisent le son*, d'Antonio Fischetti.

2007
Antonio Fischetti, *La Symphonie animale. Comment les bêtes utilisent le son*, éd. Arte/Vuibert, illustrations Honoré

▲ **2012**
Will Cupy, *Comment attirer le wombat*,
Éd. Wombat, illustrations Honoré

2012 ▲
Will Cupy, *Comment attirer le wombat*,
Éd. Wombat, illustrations Honoré

Travail personnel d'Honoré sur les animaux ▼

◀ **2007** *Le Magazine littéraire*
n°466 de juillet-août
Numéro spécial, « La bêtise vue par Honoré »

2007 *Les Inrockuptibles*
n°595 d'avril ▶

taupe, *par Honoré.*

escalier. *Avoir l'esprit de l'escalier, par Honoré.*

2010

Honoré participe, avec plusieurs dessinateurs, à l'édition illustrée du *Petit Larousse.*

cathartique. *Méthode cathartique, par Honoré.*

fond. *Course de fond, par Honoré.*

2010

Pour le premier numéro de la revue *Tango*, Honoré illustre des lettres écrites par un marin à sa femme, datées de 1910.

C'était devenu une habitude de m'y arrêter et d'en scruter le contenu.

Dans ces grandes bennes vertes que la ville de Paris mettait à disposition des particuliers, il y avait toujours quelque chose à glaner. Il suffisait de tendre la main. Elles attendaient sur le trottoir un peu à l'écart. Se remplissaient jour après jour des objets les plus divers, devenus inutiles, parfois pour des raisons obscures, souvent jetés à la hâte, on le sentait. C'était il y a vingt-cinq ans. Cette fois-là, un appartement entier s'y était fracassé. Meubles, appareils ménagers, cartons s'entassaient, s'écrasaient et débordaient jusqu'au sol. Comme posées au-dessus, quelques liasses de papiers semblaient n'attendre que moi. Au milieu des lettres administratives, quittances et autres factures, se cachaient quelques pages manuscrites d'une écriture minuscule, d'une encre pâle. Et je lus : En mer le 29 avril 1910. Ma chérie aimée…
Je compris après en avoir achevé la lecture, bien plus tard, que sur un trottoir du dix-septième arrondissement de Paris, un samedi où l'orage menaçait, après je ne sais quel naufrage, je venais de trouver échouée là, une bouteille à la mer.

HONORÉ

2012

À l'occasion de l'Affaire Bettencourt qui éclabousse Sarkozy, *Libération* publie en couverture un dessin d'Honoré.

Libération

AFFAIRE BETTENCOURT

PARTIE DE CACHE CASH

Nicolas Sarkozy refuse de s'expliquer alors que la justice précise ses soupçons sur le financement de la campagne de 2007 en maintenant en détention l'homme de confiance des Bettencourt.

PAGES 2-4

leMag

Saint-Ouen, à l'heure hasch

Reportage dans cette ville de Seine-Saint-Denis, haut lieu du trafic de cannabis.

CAHIER CENTRAL

Raid dans les milieux islamistes

Une semaine après l'affaire Merah et à 24 jours du 1er tour, 19 personnes ont été interpellées à Toulouse et Nantes.

PAGES 12-13

La Birmanie au test de la démocratie

Les législatives de dimanche marquent le retour d'Aung San Suu Kyi, mais l'ouverture instaurée par la junte reste limitée.

PAGES 6-7

Planches de salut à Bastia

La 19e édition du festival corse de BD fait la part belle aux auteurs norvégiens.

PAGES 24-25

Forum : l'exercice de l'Etat en débat

Début, vendredi, des deux jours d'échanges organisés à Rennes par «Libération».

PAGE 10

M 00135 - 331 - F: 1,50 €

IMPRIMÉ EN FRANCE / PRINTED IN FRANCE Allemagne 2,20 €, Andorre 1,50 €, Autriche 2,80 €, Belgique 1,60 €, Canada 4,50 $, Danemark 26 Kr, DOM 2,30 €, Espagne 2,20 €, Etats-Unis 5 $, Finlande 2,60 €, Grande-Bretagne 1,70 £, Grèce 2,60 €, Irlande 2,35 €, Israël 19 ILS, Italie 2,20 €, Luxembourg 1,60 €, Maroc 16 Dh, Norvège 26 Kr, Pays-Bas 2,20 €, Portugal (cont.) 2,30 €, Slovénie 2,60 €, Suède 23 Kr, Suisse 3 FS, TOM 410 CFP, Tunisie 2,20 DT, Zone CFA 1 900 CFA.

2010 *Libération* n°9607 du 31 mars et 1er avril ▲

▲ **2010** *Charlie Hebdo*
n°939 du 26 juin

▲ **2012** *Charlie Hebdo*
n°1056 du 12 septembre

2012 *Charlie Hebdo*
n°1034 du 11 avril ▼

2012 *Charlie Hebdo*
n°1052 du 15 août ▼

▲ **2012** *Charlie Hebdo*
n°1062 du 24 octobre

▲ **2014** *Charlie Hebdo*
n°1175 du 24 décembre

2012 *Charlie Hebdo*
n°1027 du 22 février ▼

2014 *Charlie Hebdo*
n°1127 du 22 janvier ▼

2014

Honoré illustre le polar
***Sur mes gardes*,**
de Franz Bartelt.

▲ **2014**
Franz Bartelt, *Sur mes gardes*,
Collection « Petits polars » du *Monde*
Illustrations Honoré

▲ **2007** *Charlie Hebdo*

BERNARD MARIS

Oncle Bernard

23 SEPTEMBRE 1946
Bernard Maris naît à Toulouse

1968
Diplômé de l'Institut d'études politiques de Toulouse

ANNÉES 1990 • 2000
Réalise des chroniques pour des journaux (*Marianne, Le Nouvel Observateur, Le Monde…*), des émissions à la radio (France Inter) et la télévision (I-Télé, France 5)

1992
Participe à la reparution de *Charlie Hebdo*

1994
Enseigne l'économie à l'Institut d'études politiques de Toulouse

1995
Reçoit le prix du « meilleur économiste de l'année » par *Le Nouvel Économiste* et publie son premier roman, *Pertinentes questions morales et sexuelles dans le Dakota du Nord*

1999
Devient professeur à l'Institut d'études européennes de l'Université Paris 8

2002
Membre du conseil scientifique d'Attac et candidat des Verts aux législatives

2011
Nommé membre du Conseil général de la Banque de France

7 JANVIER 2015
Victime de l'attentat contre *Charlie Hebdo*

◀ Bernard Maris devant le mur des Échappés de *Charlie*, en 2010

Bernard Maris dans les locaux de *Charlie* rue de Turbigo, en 2000 ▼

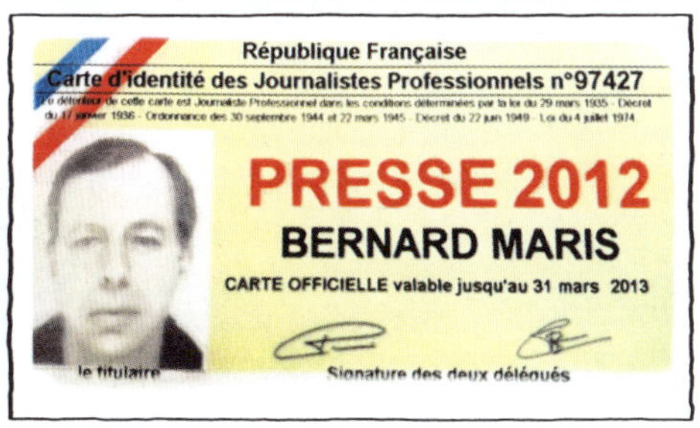

Carte de presse de Bernard Maris pour l'année 2012 ▲

◀ Bernard Maris et Willem en route vers Strasbourg, pour assister à la manifestation contre le FN, en 1997

UN PROF DIFFÉRENT

Antonia, autrice d'une thèse de droit consacrée à la lutte internationale contre la pêche illégale, travaille pour la protection des océans dans une ONG à Bruxelles, et milite dans des partis écologistes. Elle a été élève de Bernard Maris à l'Institut d'études européennes de l'Université Paris 8 Saint-Denis de 2010 à 2012. Elle nous raconte.

C'était un homme drôle, différent des autres profs, toujours passionnant, à la pensée alternative. Bon, il nous a posé quelques lapins, et c'était à chaque fois une déception de manquer ces échanges. On attendait toujours ses cours avec impatience. C'était un enseignant détendu, toujours souriant, qui ne se formalisait pas avec les examens ! Il arrivait un matin et nous demandait de traiter un sujet au pied levé. Je pense qu'il était plus intéressé par notre manière de réfléchir que par notre capacité à restituer des savoirs par cœur. Il nous interpellait sur les fonctionnements sociétaux, dans une logique plus sociale que strictement économique. Je me souviens de cours qui étaient plutôt des discussions, où tout le monde était amené à s'exprimer, ce qui suscitait toujours une attention soutenue de la part d'un professeur qui était avide de savoir ce que pensait la jeunesse. Bernard Maris était un enseignant toujours en quête de façons originales de penser le monde. J'ai beaucoup plus appris avec lui que dans les cours plus classiques !

Les cours où j'ai le plus appris !

Près de quinze ans après les faits, son regard brille quand elle me relate la réponse de Bernard lorsqu'elle lui avait demandé, après qu'il avait longuement développé la critique de la théorie économique dominante et du monde contemporain, qui n'incitait guère à l'optimisme, ce qu'il fallait faire. *« Mais quelle serait la solution, alors, monsieur ? »*, lui avait-elle demandé. *« Je m'en rappelle très bien »*, me dit-elle en me mimant la scène : *« Il avait pris le temps de la réflexion, regardé sur le côté, puis il m'avait dit :* "Je crois qu'un monde meilleur, ce serait un monde plus végétarien et plus féminin dans ses valeurs." » Il avait ajouté : *« Et aussi un monde avec des modes de gestion plus collectifs, notamment dans les rapports entre le Nord et le Sud. »*

Selon elle, c'était un enseignant *« qui insistait sur l'importance de l'entraide, qui était toujours prêt à aider ses étudiants ». « Ses cours étaient très vivants, c'étaient de véritables saynètes, comme la fois où il s'est demandé tout haut si sa belle-mère, âgée de 80 ans, n'était pas productrice de valeur* "économique" *lorsqu'elle transmettait des connaissances à ses petits-enfants. Ou si, à l'inverse, il était insoutenable pour la société de l'entretenir, alors qu'elle avait développé la maladie d'Alzheimer. Je me rappelle précisément ce moment que j'avais trouvé très drôle. Suite à cela, les bruits de couloir ont conduit d'autres élèves, d'abord réticents à l'idée de suivre un cours d'économie, de rejoindre très vite son cours. »*

GILLES RAVEAUD,
Économiste, enseignant et journaliste
Collègue et proche de Bernard Maris

1991

Bernard Maris écrit dans *La Grosse Bertha* et utilise pour la première fois son pseudo « Oncle Bernard ».

Les belles réponses de l'Oncle Bernard

Oncle Bernard, j'entends dire que Bérégovoy privatise alors que le Président avait dit : ni-ni. C'est-y pourquoi est-ce-que-comment ?

Mon petit, l'argent pour l'Etat, c'est d'abord l'emprunt. Or, l'Etat paye déjà en intérêts (seulement en intérêts) 150 milliards par an. Deux fois le déficit budgétaire. Plus question d'emprunter. Alors, l'argent, c'est l'impôt. Mais l'impôt est à la baisse. Tu as vu toutes les difficultés pour faire passer la CSG. Bon : on trouvera de l'argent dans les casernes, dit Rocard en juin. Moins 1% pour le budget de l'armée (ce qui est énorme, quand on sait que Jospin empoche plus 6%). Mais Rocard s'en va, et Cresson rend la monnaie aux militaires : 5 milliards en plus. Les chars Leclerc, les Mirages 2000 et les deux sous-marins nucléaires d'attaque en commande respirent. Mais comment payer ? Il y a bien un vieux truc : la planche à billets. Fabriquer de la monnaie. On hésite, because inflation. Alors, faut vendre le patrimoine. On va vendre une partie de l'immeuble, pour payer le gardien. On va privatiser. En douce. On va passer des accords type Renault-Volvo (en vendant par exemple 20% du Crédit Local de France), et clamer bien haut (Strauss-Kahn) que privatiser partiellement, chers camarades, ce n'est pas privatiser. Au fait : pourquoi avoir honte ? Qui est contre ici ? Levez le doigt. Des cocos ? Rires dans la salle.

En dix ans, les socialistes ont découvert une très grande vérité : nationalisées ou pas, les banques ne leur ont jamais obéi ; elles obéissent à la Bundesbank d'abord, et à la Banque de France ensuite ; et nationalisées ou non, avec toute la bienveillance fiscale du monde, les entreprises ne leur ont jamais obéi non plus, et n'ont pas investi ; elles obéissent, elles, aux banques. Et quand il s'est agi de renflouer leurs filiales industrielles, les banques nationalisées ne l'ont pas fait (c'est pourquoi un certain Madelin, qui l'avait exigé de la nationalisée Suez, a liquidé notre machine-outil aux Japonais).

La nationalisation est le grand échec des socialistes. La seule différence entre leur privatisation honteuse, et celle, joyeuse, d'un Balladur, c'est qu'ils vendent les yeux baissés aux Suédois, alors qu'il brade avec le fou-rire à ses copains, constitués en "noyau dur". Avec le ni-ni, c'est donc un mur de la politique de gauche qui tombe. Mais la honte est toujours plus facile à ravaler que les murs. On privatisera. Et on aura deux sous-marins d'attaque de plus.

Oncle BERNARD

▲ **1991** *La Grosse Bertha*
n°33 du 12 septembre

PÉDALE PLUS VITE! T'AS LE PROGRÈS AU CUL!

TU LE SENS, MON INDICE NIKKEI ?

UN JOUR, le mathématicien Euler croisa Denis Diderot à la cour de Catherine de Russie. *« Hé ! Diderot ! »*, lança-t-il. Diderot marchait nimbé de sa réputation d'athée rationaliste, un volume de l'Encyclopédie dans chaque poche. *« Hé ! Diderot ! (a + b)/N = X, donc Dieu existe. Répondez (1) ! — Et ta sœur, elle suce ? »*, répondit Diderot, un peu interloqué. Mais il avait perdu la face. En vérité, Diderot venait de subir le pire affront de sa vie, affront que chacun de nous subit jour après jour et qui est l'un des ressorts de la domination de l'homme sur l'homme — avec le fric —, ou de la femme sur l'homme — avec les adiposités callipyges (en français : le cul). Diderot pliait sous le terrorisme intellectuel. Le terrorisme intellectuel est un procédé qui consiste à balancer au visage d'un interlocuteur trois aller-retour jargoneux, incompréhensibles, à jamais invérifiables, à propos de n'importe quoi : le nombre d'anneaux du ténia, la réouverture de Superphénix, l'éthique déontologico-morale de la congélation des embryons ou l'indice Nikkei de la Bourse de Tokyo. Le terrorisme intellectuel est pratiqué par les marxeux (de plus en plus mollement, il est vrai) les ayatoleux et les scientifiques. Pourquoi ? Parce que tandis que les chiens se flairent pour s'apprécier, les initiés ont besoin de signes de reconnaissance, de private jokes, de théorèmes, de lois, de médailles ou de titres. Car initiés = petit nombre, et petit nombre = puissants. Les mathématiques jouent un rôle terroriste essentiel. Le recrutement de l'élite française est fondée sur le terrorisme mathématique. Tous les bétonneurs, fabricants de bretelles autoroutières, de centrales, de TGV, de Fos-sur-Mer, tous les pontes de l'E.D.F. et de la S.N.C.F. qui façonnent le paysage français depuis deux cents ans sont des ingénieurs X-Ponts ou X-Mines, acoquinés avec quelques sous-fifres de Centrale. Bizarre, hein ? Pourquoi ceux qui façonnent le paysage français ne sont-ils pas des bavards, ou des littérateurs ? ou des dessinateurs ? Parce que ces gens-là, et les deux sont liés, d'abord n'aiment pas le pouvoir, ensuite n'ont pas de bouclier technique. Peuvent pas se planquer derrière de l'équation ou du chiffre. On comprend toujours immédiatement ce qu'ils expriment.

Le matin, tous les matins sur France Inter, jour après jour, un hurluberlu du nom de Sylvestre parle d'économie. Ce type est d'une nullité astronomique. À donner le vertige à un Haroun Tazieff. Son discours est vide. Complètement. Il ne dit pas plus que *« les affaires, c'est les affaires, et si ça ne s'arrange pas demain, ça ira mieux après-demain, à moins que ça n'aille plus mal »*. Mais il termine toujours son trou d'air par : *« L'indice Nikkei, à Tokyo, patins et couffins %. »* Ha ! Frissons de mystère. Ça y est, on le sent, ton indice statistique ! Fort, Sylvestre, plus fort !

À suivre...

Oncle Bernard

(1) Authentique : Lire *Des ponts vers l'avenir. Des mathématiques à figure humaine*, de Mike Guillen — Bibliothèque des sciences/Albin Michel.

1992

Bernard Maris fait partie de la nouvelle équipe de *Charlie Hebdo.*

UN UNIVERSITAIRE AVIDE DE NOUVELLES IDÉES

C'est à la fac, toujours dans le même bout de couloir du deuxième étage du bâtiment A du sinistre campus de l'Université Paris 8, dans la banlieue de la banlieue, ou dans notre petite salle des profs, que je voyais Bernard. J'avais cours tôt, il commençait tard : nous nous croisions donc. Il arrivait assez souvent en retard pour ses cours mais prenait toujours le temps de discuter. Il semblait capable d'arrêter le temps, insensible au stress horaire qui me ronge depuis la petite enfance. Ébouriffé, il posait son casque de scooter et, armé de son irrésistible sourire, me demandait : *« Alors, Gilles, qu'est-ce qui se raconte chez les jeunes chercheurs ? Vous parlez de quoi en ce moment ? »*

Alors, Gilles, que racontent les jeunes chercheurs ?

Je frémissais de plaisir quand il posait son grand agenda papier sur une table et, levant les yeux, me demandait : *« Gilles, je suis absent la semaine du tant au tant, tu me remplacerais pas sur Inter ? »* C'était une chronique quotidienne, très courte, du lundi au jeudi, fort peu écoutée car diffusée à 6 h 45. Grâce à Bernard, j'ai connu les honneurs de la maison ronde, les départs à 5 h pour prendre le métro, l'arrivée bien trop précoce dans les studios, l'observation de la rédaction d'Inter au petit matin… Débordé par ses multiples activités, Bernard m'avait, à la toute fin de sa carrière, refilé un étudiant en thèse qui ne maîtrisait ni le français ni l'économie. Bonheurs du travail universitaire bénévole ! Mais ce cadeau à première vue « empoisonné » se révéla être une belle expérience. J'eus l'occasion de participer pour la première fois à un jury de thèse et d'y voir « mon » Bernard tout beau, en costume et cravate. Cette salle de soutenance des thèses est aujourd'hui devenue la « Salle Bernard Maris », ce qui rend ce souvenir encore plus vif et étrange.

Deuxième cadeau : il fallait la signature du maître pour valider la thèse, mais Bernard n'allait pas se traîner à la fac pour si peu. Je me rendis donc chez lui, pour la première et unique fois. Cela devait durer 5 minutes, cela dura des heures. J'étais impressionné de voir Bernard entouré de ses livres et des tableaux qui ornaient le domicile qu'il avait longuement occupé avec Sylvie Genevoix, sa dernière épouse, alors décédée depuis peu. Bernard se confia à moi sur sa maladie, sur les erreurs fatales des médecins. Ce fut la seule fois où je vis de la méchanceté dans ses yeux. J'avais l'impression que nous ne voulions pas nous quitter. En partant, j'avais glissé un regard à son bureau. Avec un émerveillement d'enfant, je m'étais dit : *« C'est là qu'il écrit ses livres… »*

GILLES RAVEAUD,
Économiste, enseignant et journaliste
Collègue et proche de Bernard Maris

▲ **1999**
Hors-série *Charlie Hebdo*
« C'est la crise finale »,
Oncle Bernard et Luz ▶

1999

Bernard Maris et le dessinateur Luz réalisent une bande dessinée qui explique « le monde terrifiant de l'économie »

"COSTARICIEN... ET NON PAS COSTARICAIN"

Contrairement à Paris, New York, villes policières, la police est très peu présente à San José. Mais il y a de nombreux gardiens privés, armés de matraques pour la plupart. Les usines, les administrations, beaucoup de maisons sont grillagées et entourées de barbelés « made in Israël » qui ont la douce propriété de tailler comme du rasoir. Violence, plus paranoïa, plus... mode.

Pendant que nous interviewions la vice-présidente du gouvernement, à la présidence même,où l'on entre comme dans un moulin, la banque située à moins de dix mètres d'une entrée latérale a été dévalisée. Sans problèmes.

Los « Ticos » (Costariciens) ont leurs Arabes, los « Nicas » (Nicaraguayens). Les « *contras* », largement arrosés par les Américains, ont pu se reconvertir. Les guérilleros, devenus militaires sandinistes, n'ont pas eu cette chance. Beaucoup sont partis au Costa Rica dans les bananeraies. Ils sont accusés de tous les maux (notamment d'avoir gardé leurs armes) et font tous les sales boulots. La rumeur les estime à un million. La réalité est plus proche de 150 000. Surexploités et méprisés.

ONCLE BERNARD

◄ **2000**

Charlie Hebdo n°401
du 23 février
Reportage de Bernard Maris
et Cabu au Costa Rica

2002

Bernard Maris se présente aux élections législatives dans le 10e arrondissement de Paris, sous l'étiquette des Verts. Il arrive en troisième position, avec un score de 10,73 %.

J'apporte mon soutient enthousiaste à Bernard Maris parce que

1°/ C'est un Vert qui a du poil au cœur.

2°/ Il a un organe vocal magnifique.

3°/ J'aimerais bien qu'il soit un jour Président de la République et doive aller écouter la "Marseillaise" au football.

Cavanna.

2003

Bernard Maris publie son deuxième roman,
L'enfant qui voulait être muet.

L'ENFANT QUI VOULAIT ÊTRE MUET

Plus le temps passait, plus mon corps s'habituait à ne pas parler, et plus se développaient mes capacités gustatives des langues et l'hypersensibilité de mon oreille.

La cité des Rosiers, près de laquelle nous habitions, était surnommée la « cité des cent ethnies ». C'est dire le merveilleux bazar qu'elle figurait pour moi ! Muet, je baignais tantôt dans le pandémonium banlieusard – cet horrible galimatias des petits durs –, tantôt dans la profusion de l'Éden. Deviner, au bruissement des vélaires, des spirantes, des sourdes d'une langue inconnue parsemée de mimiques si l'on parle d'amour ou d'argent est un plaisir insatiable.

Une anecdote me revient : âgé de cinq ou six ans, dans le métro, un jour, j'ai assisté à un suicide. À la station Hoche. Un homme, dans un Taxiphone à côté du Photomaton, gémissait de désespoir à grands cris, en un dialecte arabe. Je comprenais tout. Que c'était une question de vie ou de mort, qu'il allait perdre tout son argent, qu'on ne pouvait lui faire *« ça »*, que *« ce n'était pas ce qui avait été prévu »*, et qu'il fallait en parler à Untel… En avait-on parlé à Untel ? Oui ? Non ? Dieu était pris à témoin, avec Untel et l'argent, cause de tout. L'interlocuteur voulait couper, mais le type s'agrippait à l'écouteur comme un noyé à un filin, exagérant son débit quand l'autre s'impatientait, tirant désespérément, regagnant un peu de mou sur la corde qui allait casser, et qui cassa, son interlocuteur ayant coupé, *« allô, allô, allô »*, criait-il, avant de partir avec son sabir sur le quai en appeler à la foule, qui – politesse du dernier acte ? – ne se montrait pas tout à fait indifférente. Quelle tragédie de la vie s'était jouée et en quelle langue ? Toujours la même, celle de la rupture de la chaîne des pièces et des billets liant une vie à d'autres vies. Mes yeux d'enfant écarquillés le regardèrent se diriger avec une certaine dignité vers les rails, et la station s'éclaira bientôt d'un flash et d'un hurlement collectif quand il tomba, foudroyé par les étincelles de l'argent qui ruisselait enfin.

Aujourd'hui encore je goûte cette immersion dans le mystère d'une langue, devant une télé étrangère, dans le débat animé de deux piliers de comptoir, la protestation d'un étranger à un guichet… Qui a dit : *« La langue est un jardin »* ? Oui, les mots sont des fleurs et la « cité des cent ethnies » était mon jardin. À une exception près : je n'aimais pas ma langue disons « maternelle » – ma mère me parlait si peu ! –, ce français de banlieue naissant, impur, inachevé, métissé de la raucité arabe et qui tamisait quelques scories de l'anglais, le doux anglais des « Daffodils », transformé par les petits banlieusards en couinements de gorets.

Voilà comment, dévoreur boulimique de langues je devins muet, du mutisme d'un petit animal, furtif, toujours prêt à se faufiler et à fuir, cloîtré dans son impossibilité de communiquer. Le silence et mon sourire un peu figé me donnaient une grande capacité à encaisser les coups. Preuve de mon animalité : les chiens qui pullulent en banlieue, même les plus sauvages, m'ont toujours laissé en paix…

BERNARD MARIS
L'enfant qui voulait être muet,
extrait du chapitre 2,
éditions Albin Michel, 2013.

TROP DE PROFITS CRÉE DU CHÔMAGE

Pendant que les profits du CAC 40 explosent (75 milliards d'euros annoncés pour 2005), le pouvoir d'achat diminue.

Tiens, les profits nouveaux sont arrivés ! Comme de coutume, à l'automne, on annonce les superprofits des entreprises du CAC 40, toujours en hausse. Cette année, c'est effrayant. Les quarante plus grosses françaises cotées en Bourse ont fait du 16 % net de profit sur capitaux propres en moyenne. Comme quoi, les donneurs d'ordres (les financiers, les banques d'affaires, les fonds de pension) qui disent aux chefs d'entreprise : *« Les gars, du 15 % minimum ! »* sont obéis.

En tête du palmarès, Total, qui engrange plus de 6,2 milliards d'euros en captant la rente pétrolière. Assis sur son cul, Total ne bouge pas et se contente de faire passer ce que lui verse le contribuable, pardon, le consommateur, dans ses comptes étrangers. Il réalise 95 % de ses profits hors des frontières. C'est pas moi qui le dis, c'est son patron, Desmarest, au *Figaro* : *« Qu'est-ce que vous voulez que ça me foute que Villepin*[1] *taxe mes profits ? Ils sont hors de France. S'il continue à me les brouter, je dégage avec mon siège social. »* Il a un langage un peu plus châtié, mais le fond est le même.

Les deux tiers du chiffre d'affaires des entreprises du CAC 40 se font à l'étranger, et, pour 40 % en moyenne, hors d'Europe. Pas la BNP Paribas, tout de même, le troisième profiteur du CAC ? Eh oui ! Elle aussi ! Elle ponctionne le consommateur, un euro ici, un euro là (50 % des profits des banques sont de la gestion, même pas du crédit), mais réalise la moitié de son chiffre hors de France. Combien en fait-elle « off-shore », hors de tout contrôle étatique ? Mystère.

LE CONSOMMATEUR BOTTE SON PROPRE CUL

Que vont devenir ces beaux profits ? Pour partie, des dividendes. Plus de 25 milliards d'euros de dividendes distribués pour 2005. Tout cet argent va repartir *illico* en Bourse ou dans l'immobilier, créant une bulle qui chasse définitivement les classes moyennes et modestes des centres-villes. Ensuite, ces beaux profits iront en rachats d'actions (Total, toujours lui, vient de déposer à l'Autorité des marchés financiers, AMF, de nouvelles demandes de rachats d'actions ; ces quatre dernières années, il a racheté plus de 15 milliards d'euros). Les rachats d'actions sont de la destruction de capital, qui permet par effet de « relution » (raréfaction) d'augmenter la valeur des actions. Preuve que le capitalisme va vraiment mal : malgré ces annonces de bénéfices mirobolants, malgré les énormes rachats d'actions, la Bourse ne bouge pas. Les entreprises ne créent pas d'emplois avec ces énormes profits ? Non. Pas en France, du moins. Un peu en Asie. En France, elles continuent à faire pression sur les coûts du travail.

À toujours peser sur le coût du travail, le pouvoir d'achat du travailleur finit par baisser. Or, chose très curieuse, les Français répliquent à cette baisse… par un surcroît de consommation ! Voilà que la consommation des ménages explose ! Et, comme les entreprises du CAC, qui vendent hors d'Europe à 40 %, les Français achètent hors Europe à près de 40 %. C'est un moyen de récupérer du pouvoir d'achat. En même temps, ils tapent un petit peu, bien obligés, dans leur bas de laine (la France est l'un des pays du monde où l'épargne est très forte). Par leur comportement, ils accentuent la pression sur l'économie française, prise dans la tenaille des gros, les entreprises, qui font pression sur le pouvoir d'achat, et des petits, qui luttent pour leur pouvoir d'achat.

Résultat : spirale déflationniste, disparition de tout ce qui est « moyenne qualité », explosion de la basse qualité fournie par des mastodontes se fournissant à l'étranger. La pratique du « hard discount » est favorable aux consommateurs immédiatement, mais suicidaire à terme. Poussés par les gros distributeurs, qui créent leurs sites de *hard*, les consommateurs se bottent le cul allègrement. Pendant ce temps, le patron de Total se marre.

ONCLE BERNARD

1. Dominique de Villepin, Premier ministre de Jacques Chirac.

▲ **2023** *Charlie Hebdo* n°1621 du 16 août
Dessin de Zorro

▲ **2005** *Charlie Hebdo* n°693 du 28 septembre

BERNARD MARIS VU PAR LES DESSINATEURS DE CHARLIE

▲ **1993**
Charlie Hebdo n°53 du 30 juin
Dessin de Cabu

1993
Charlie Hebdo n°1019 du 21 décembre
Dessin de Charb ▼

Dessin d'Honoré ▲

▲ **2004**
Charlie Hebdo n°605 et n°606
des 21 et 28 janvier ▼

Dessin de Riss ▼

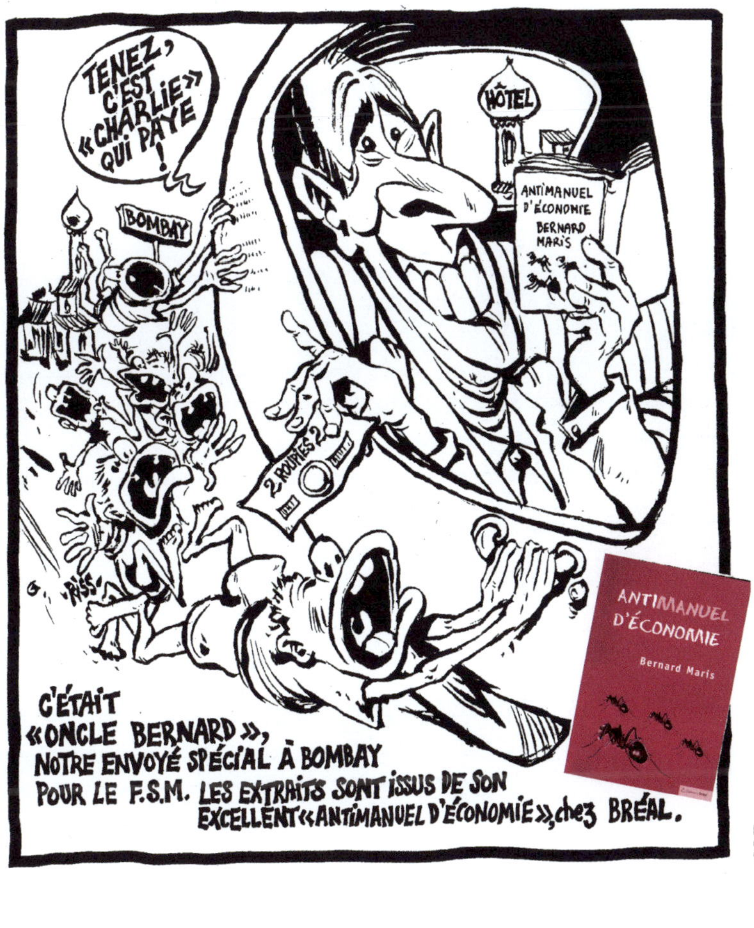

2007

Dans *Charlie Hebdo*, Bernard Maris annonce comme une évidence la crise financière de 2008.

ÉCONOMIE

Les profits montent, les Bourses baissent

Nouveau record du CAC: 97 milliards d'euros de profits. C'est mieux qu'en 2005 (88 milliards), c'est mieux qu'en 2004 (57 milliards), et c'est mieux qu'en 2003 (37 milliards)… Apparemment, l'année 2007 s'annonce très bien également, avec une hausse prévisible de plus de 10 %.

Donc tout va bien, et on ne va pas récriminer, nous, pauvres jaloux et frustrés et ennemis de la réussite, car ces entreprises créent des emplois. Non, elles ne créent pas d'emplois. Alors, elles investissent? Non plus. Les dividendes distribués ont doublé en un an. L'investissement des sociétés du CAC 40 est tombé de 120 milliards en 1999 à 77 en 2005. Alors? Elles balancent leur cash sur le marché. Elles deviennent prêteuses. On pourrait s'attendre à ce que, avec de tels profits, les Bourses montent. Elles baissent.

La faute au marché immobilier américain. Tant que l'Amérique va, tout va. L'Amérique marche sur deux pieds: l'auto et la maison. L'auto va mal. Et les ménages américains sont surendettés en matière d'immobilier. Pourquoi? 1) parce qu'ils peuvent obtenir des « prêts hypothécaires » à plusieurs étages, ou renouvelés, qui, en période de baisse de l'immobilier, sont très dangereux; 2) parce que les plus modestes ont des conditions de crédit très onéreuses, celui-ci, en période de hausse des taux, se révélant impossible à honorer.

Mécanisme du prêt hypothécaire renouvelé (une mesure extrêmement dangereuse, mais que veut introduire Nicolas Sarkozy en France): on emprunte sur la valeur de la maison; si l'immobilier augmente, on réemprunte sur la plus-value. En général, on se sert de ces nouveaux emprunts pour financer de la consommation autre qu'immobilière. Si l'immobilier baisse, tout s'écroule comme un château de cartes. On est toujours endetté évidemment, mais on n'a plus de valeur de couverture.

Les emprunts à taux variables pour les plus modestes achèvent de fragiliser le marché. En 1980, le marché du crédit a totalement été libéralisé aux États-Unis. Les taux sont devenus variables. Que se passe-t-il si les taux augmentent? Les charges d'intérêts deviennent insupportables. Le système ne fonctionne que si les ménages peuvent renégocier leurs emprunts suite à la hausse de valeur de leur immeuble. Si, en même temps, la valeur des immeubles diminue, c'est la faillite, à la fois pour les ménages et pour les intermédiaires prêteurs. Or, depuis 2004, la Réserve fédérale a augmenté dix-sept fois les taux. Les ménages modestes, nourris à la « *subprime* », ont été pris à la gorge. Plus de deux cent mille d'entre eux ont vu leur maison saisie et vendue. Les ventes ont fait baisser les prix. Deux millions d'Américains sont menacés de saisie.

Du coup, une trentaine d'intermédiaires prêteurs ont fait faillite. Le dernier sur la liste pourrait être le deuxième prêteur à risque, New Century Financial. Les grosses banques qui font de l'argent avec ces crédits hypothécaires commencent à trembler.

Certes, il y a 10500 milliards de crédits immobiliers aux États-Unis et un stock immobilier qui vaut le double. Mais que se passerait-il si une série de faillites entraîne une chute des prix? On peut envisager une faillite généralisée de l'économie. La banque Lehman Brothers estime à 350 milliards les crédits très risqués. C'est relativement peu. Le problème est que l'immobilier représente 1,5 % de la croissance américaine. Si le secteur est en panne, c'est l'économie qui est en panne.

En 1980, un millier d'institutions de crédit immobilier, les « *Savings and loans* », ont fait faillite. Coût net: 150 milliards de dollars, dont 125 entièrement payés par le budget fédéral. Aujourd'hui, un crash coûterait toujours plus cher, touchant encore le contribuable. Même au pays du marché roi, l'État finit par payer.

ONCLE BERNARD

2008

Pour Bernard Maris, la crise de 2008 est comparable en gravité à celle de 1929. Selon lui, le problème de l'économie politique est la propriété privée.

ÉCONOMIE

La prime aux gredins

Ben Bernanke est obsédé par le retour d'une crise type 1929. Il est prêt à tout lâcher aux banques, responsables de la crise.

Y a-t-il un risque de retomber dans une crise catastrophique genre 1929, avec les conséquences politiques que l'on sait, le chômage, Hitler, la guerre, le reste ? Oui. Tous les ingrédients sont réunis. Crise de confiance boursière. Risque d'effondrement du crédit. Crise majeure aux États-Unis et contamination au reste du monde. Ah, direz-vous, les États sont repliés sur eux-mêmes (90 % de leur production leur est destinée) et surtout les pays émergents, Chine, Inde, Brésil, vont tirer l'économie mondiale. À ceci près que : 1) si la production est autocentrée, à destination des États-Unis, la Bourse et les mouvements de capitaux sont totalement internationalisés et pour une bonne part « off-shore », ils n'appartiennent ni aux États-Unis, ni à l'Europe, ni à personne, mais aux spéculateurs ; 2) vive la Chine, ce pays ignoble qui cimente la consommation du Nord et la productivité du Sud dans le sang, sauf que la Chine ne représente encore que 6 % du PIB mondial, alors que les États-Unis et l'Europe en représentent 50 %. Et comme la Chine et les États-Unis sont liés par un pacte économico-monétaire (yuan faible, accumulation de dollars roupies de sansonnet par la Chine, production en Chine par des capitaux américains), si les États-Unis chutent, la Chine chute.

Souviens-toi de 1929 !

Notre seul recours est Ben Bernanke, le patron de la Fed. Dieu merci, il a fait des études d'histoire. Il est même un grand spécialiste de la crise de 29, ce qui va nous sauver.

Bernanke fait le contraire de ce que fit le cartel des banques en 1929, qui avait freiné la liquidité et favorisé l'épargne ; Bernanke lâche le crédit (abaissement du taux d'intérêt), injecte massivement de la liquidité dans l'économie (près de 400 milliards de dollars sur les 870 que possède en caisse la Réserve fédérale américaine), il demande à Trichet de faire pareil (et Trichet obéit), il obtient de Bush un plan de relance exceptionnel qui représente 1 % du PIB, il nationalise de fait une banque en faillite, la Bear Stearns, vieille de cent ans, en permettant à une autre banque de la racheter pour le dollar symbolique ou presque (en fait, elle est rachetée au dixième de sa valeur par la banque d'affaires JP Morgan). Et ce n'est pas fini : il vient de décider de faciliter le crédit bancaire ! Comme les deux gros « rehausseurs de crédit » Fannie Mae et Freddie Mac (40 % du crédit immobilier américain), les instituts qui garantissent les prêts immobiliers, sont mal, il desserre les liens administratifs qui restreignent leurs possibilités de couvrir les prêts bancaires, il diminue la quantité de cash qu'ils doivent avoir obligatoirement en réserve, bref, il lâche par un autre biais le crédit !

Les banques sont au paradis. Elles ont drogué l'économie, et on leur file de la drogue. Elles ont dit à Bernanke : soit tu nous donnes du cash, soit on crève, et toi avec. Souviens-toi de 1929 ! Bernanke est dans la position de l'assureur qui assure l'autobus conduit par un mec bourré qui roule à 250 à l'heure en ville. Comment faire autrement, quand l'autobus porte les emplois, le matériel, les brevets, la production... ?

Bernanke sait qu'il est victime d'un chantage et qu'il file une prime aux aigrefins et aux escrocs, les banques, pour qu'elles continuent leur petite vie d'aigrefins et d'escrocs. Mais peut-il ne pas laisser rouler l'autobus ? Si un pneu crève, il pourra toujours le réquisitionner pour réparation. Cela s'appelle la nationalisation. Dans ce cas, ce sont les voyageurs, autrement dit les contribuables, qui payent.

ONCLE BERNARD

UN DÉBATTEUR BRILLANT

Ciel qu'il est difficile d'être un économiste de gauche ! Jean-Marc Sylvestre, journaliste économique « habité par le libéralisme », comme il se décrit lui-même, a longtemps débattu sur France Inter avec Bernard Maris le vendredi matin. Il me dit qu'il partageait avec Bernard le souhait de *« développer des points de vue différents, rigoureux, basés sur des faits, qui feraient avancer les débats »*. Jean-Marc Sylvestre me décrit Bernard Maris comme un ami, franc et honnête, dont il a « toujours considéré que ce qu'il apportait était absolument indispensable ». Mais quand je lui demande pourquoi son duel-duo avec Bernard a pris fin, Jean-Jacques Sylvestre m'affirme que c'était parce que *« Bernard s'était rendu compte que ses idées keynésiennes, de soutien de la demande, ne fonctionnaient pas en France »*. Euh, pardon ?

Celui qui a fait tomber les économistes de leur piédestal

Autre son de cloche de la part de Philippe Chalmin, docteur en histoire, avec qui Bernard débattait lors d'une autre émission hebdomadaire, intitulée « Y a pas que le CAC » et diffusée par la défunte iTélé. Et Chalmin, à son tour, d'insister sur le fait qu'il *« n'avait pas en face de lui Oncle Bernard »*, mais un *« universitaire, professeur à Vincennes [Paris 8-Saint-Denis, en réalité] »*, qu'il décrit tendrement comme une personne qui avait *« la soif d'une reconnaissance académique qu'il n'a jamais eue »*. Arrêtez, c'est trop d'amour !

Car le fait est que tout le monde se souvient des saillies de Maris, et pas des « raisonnements » poussiéreux de Sylvestre et Chalmin, qui auraient pu être remplacés par n'importe quel Dominique Seux ânonnant *« le marché, le marché, le marché »*. Le journaliste Benjamin Dard, animateur de l'émission, ne cache pas le fait de déborder, aujourd'hui encore, de tendresse pour son « Bernardo ». Comme il me l'explique : *« Pour moi, Bernard n'était pas un économiste mais un intellectuel. Avec lui, tu voyageais dans mille univers. J'adorais sa faconde, son accent, ses envolées, sa générosité. Je le considère avant tout comme celui qui, en France, a brisé l'entre-soi des économistes, celui qui a fait tomber les économistes de leur piédestal. »* Et manifestement, dix ans après la disparition du grand démystificateur, ils ne lui ont toujours pas pardonné !

GILLES RAVEAUD,
Économiste, enseignant et journaliste
Collègue et proche de Bernard Maris

2011

Le temps d'un été, Bernard Maris réalise une série de chroniques sur France Inter, intitulées « La France au milieu du gué ».

LA FRANCE AU MILIEU DU GUÉ

Bonjour à tous, bonjour chers assistés, bonjour les patrons qui prennent des risques et bonjour les rentiers, les planqués, les gens de l'arrière, les salariés, ceux qui ignorent la compétition.

La France est-elle « ce magnifique pays d'assistés » ? C'est en tout cas ainsi que nous voit *The Guardian* de Londres dans un article de Polly Toynbee repris par *Courrier international* le 28 avril 2011. Pays de fonctionnaires, de retraités, de profiteurs de l'État-providence. Certes, *The Guardian* reconnaît que grâce au système de Sécurité sociale il y a moins d'écart entre les riches et les pauvres en France qu'au Royaume-Uni ; mais ce système de providence étatique diminue notre esprit de conquête. *« Il faut redonner l'esprit de conquête à notre pays »*, dit Jacques de Chateauvieux, un grand patron français du sucre et du pétrole. Refus du risque égale rente, égale peur ? Bureaucratie égale inefficacité ?

La notion de risque est au cœur de notre système social

Vraie ou fausse question ? Elle est au cœur des reproches des patrons : les patrons ne cessent de râler contre les formulaires qu'on leur demande sans cesse de remplir et cette bureaucratie ne se laisse pas faire.

Un jour, le ministre des Finances et du Budget, le socialiste Christian Sautter, s'avisa de restructurer son ministère, de fusionner les services fiscaux pour faire des économies. C'était en 2000. Il fut, tout simplement, débarqué par les syndicats.

Pas bouger, pas d'histoires, pas de risques! Comprenons que la notion de risque est au cœur de notre système social. Parler de démocratie sociale, de dialogue social, de représentativité syndicale, c'est d'abord parler de risque. L'État-providence est l'enfant du risque social. C'est le social qui crée le risque, c'est la faute au système, c'est la faute à la société… Il y a cent ans, on vient d'inventer le risque social et tout part de là.

Autrefois, le patron était de droit divin, le maître était cru sur parole, et la troupe brisait les grèves. Il n'y avait ni Sécurité sociale, ni retraite, ni chômage, ni longue maladie. Les enfants et les conjoints n'étaient évidemment pas couverts. Aujourd'hui, toute la famille est couverte pour les risques sociaux, la maladie, l'incapacité, le chômage.

Mais comment s'est construit cet immense droit social puisqu'il n'y a pas de dialogue social ?

Grâce à l'État, les amis ! L'État omniprésent qui se mêle de tout, veut tout régenter, tout contrôler, décréter ou légiférer. De là cette immense bureaucratie qui étouffe la France comme une membrane asphyxiante – disait Karl Marx.

La France : un pays soviétique ?

BERNARD MARIS
Extrait du livre *Souriez, vous êtes Français !*
éd. Grasset & Fasquelle, en coédition
avec France Inter, 2016

2011

Bernard Maris est nommé membre du conseil général de la Banque de France par Jean-Pierre Bel, président du Sénat.

▲ **2012** *Charlie Hebdo*
n°1020 du 4 janvier

PERDRE SA VIE À LA GAGNER OU OSER OUVRIR LES YEUX ?

Reiser ouvrait les yeux *« sur la bêtise pleine de poils »* (Cavanna).
***Charlie*-économie essaye d'ouvrir les yeux sur l'inhumain et sa science, l'économie.**

2012

Charlie Hebdo fête ses 20 ans, l'occasion pour Bernard Maris de revenir sur son parcours dans le journal.

De l'économie à *Charlie Hebdo*, quelle gageure ! C'est le père Val qui avait tenté le coup, rendons-lui hommage. J'ai commencé à parler d'économie à côté de Gébé, en page 7, si je me souviens bien. Je ne pouvais souhaiter meilleur voisin. Gébé mêlait pensée et poésie, comme tous les dessinateurs, mais plus que les autres. Il me semble que je percevais le monde comme lui, bien que ne sachant l'exprimer aussi bien. Gébé était du côté de l'« inutile beauté ». Les économistes sont du côté de l'utile, l'affreux utile, l'angoissant utile, le contraignant utile… Que faire ?

Retourner l'économie, la mettre sur le dos, comme un cafard, et la regarder s'agiter en vain, avec ses petites pattes… Tout le monde parlait de « concurrence libre et non faussée » ? On pousserait jusqu'au bout l'analyse de cette phrase idiote, stupide, médiocre comme un économiste ou un gnome de Bruxelles. On montrerait sans trêve que l'économie, la richesse, la puissance n'existent que parce qu'il n'y a jamais de concurrence libre et non faussée, parce que les demandes captives, les situations acquises, les rentes, les rackets organisés ici par les fournisseurs de fréquences mobiles, là par les banques permettent aux « réussisseurs » et avides d'importance d'éliminer toujours les faibles et pressurer les pauvres. Et que lorsque la concurrence existe, par malheur, avec son obligation morbide de transparence, de mobilité, d'agitation et de droits de propriété posés comme une merde sur la moindre des choses, c'est pire. En matière de recherche par exemple, où les brevets tuent la recherche.

Ensuite, il y eut la dénonciation de la finance. *Charlie* était en première ligne, avec ATTAC, les altermondialistes, les objecteurs de croissance, les amis de Naomi Klein, les ennemis de la pub. *Charlie* a dénoncé l'Ami, soutenu la taxe Tobin, hurlé à s'en crever les poumons contre la pub.

Et puis il y avait ceux qui ont véritablement le pouvoir et dont on ne parle jamais, les grands, les grands fauves. Quel bonheur de les ridiculiser ! Quel bonheur d'en dresser le portrait, fidèle, exact, de reprendre exactement leurs citations, pour les offrir là, nus, hideux comme de vieilles choses mourantes aux yeux étonnés des lecteurs. Les grands dirigeants de l'économie ! Que de bêtises disent ces gens, qui devraient être l'élite d'une nation ! Quelle absence de grandeur chez ces grands ! Les banquiers, les patrons de Total, les gens de Bouygues, ceux par qui le béton, la laideur et le chômage arrivent ! Quelle banalité que leurs diplômes, leur vie, leur vision creuse et vide.

Au fond, l'économie est une chose simple, et c'est à cette simplicité que tentait d'aller *Charlie* semaine après semaine.

Des hommes exploitent d'autres hommes. Pour cela, il faut de l'argent. Qui fabrique l'argent ? Pourquoi ? D'où sort-il ? Ces exploiteurs vendent ensuite aux hommes qu'ils ont exploité le produit de leur travail. Ils ont fait des bagnoles ? Ils leur vendent des bagnoles. Des portables ? Ils leur en vendent. De la bouffe ? Ils la leur vendent. L'économie est un système coprophagique : la merde (l'argent) sert à faire de la merde, les objets, que l'on fait bouffer à des consommateurs travailleurs. Ça s'appelle la reproduction. Marx avait parfaitement compris ce phénomène. Tout le reste, l'offre et la demande, est de la rigolade.

Une fois qu'on a compris le cœur de l'économie (*« la quantité de merde qu'il y a dans le cœur d'un bourgeois »* [Sartre]), le reste est simple : il suffit de démasquer le langage approprié utilisé par les puissants (les journalistes, les hommes politiques, les économistes, les chefs d'entreprise) pour masquer la réalité de l'exploitation, de la servitude volontaire, de la perversité consommatrice, et du système des objets, où les hommes ont abandonné leur liberté au profit de celle des objets. Ce sont des voitures qui circulent, avec des hommes incarcérés dedans, des prisonniers. *« L'homme n'est plus rien, le temps est tout, il n'est que la carcasse du temps »* (Marx). « Le temps retrouvé » aurait pu être le titre de la chronique économie de *Charlie*. Le temps retrouvé à côté du « temps vécu » de Gébé et des autres dessinateurs. ■

JE VIRE MA CUTI

J'ai voté oui à Maastricht, oui au traité constitutionnel. Aujourd'hui, je pense qu'il faut quitter la zone euro.

Il n'est jamais trop tard (même s'il est bien tard) pour reconnaître qu'on s'est trompé. J'ai cru, pauvre nigaud, qu'une monnaie unique nous mettrait sur la voie d'une Europe fédérale. (Pourquoi une Europe fédérale et non la « France éternelle », d'ailleurs ? Parce qu'une Europe unie me semblait plus civilisée que le reste du monde et mieux à même de contrer ces crétins d'Amerloques, ces brutes de Russes, cette affreuse dictature chi- noise et le reste du monde. Bien.) Donc, monnaie unique, pouvoir régalien de battre monnaie supranationale, tout ça conduisait à un État fédéral. Idiot. Les États conservaient l'autonomie fiscale, il n'y avait pas de budget fédéral. Dès lors, au lieu de s'unir, à cause de la monnaie unique, les États allaient se lancer dans une concurrence fiscale et budgétaire : ils allaient organiser leur budget à leur manière, sous le parapluie de l'euro. Les Grecs, par exemple, empruntaient en euro, mais remboursaient en « économie grecque », c'est-à-dire en feta et fromage de chèvre. Les Allemands empruntaient en euro et remboursaient en Porsche et Mercedes, les Français en sacs Vuitton, etc. De sorte que les emprunts en monnaie unique n'empêchaient pas la séparabilité des dettes : une dette grecque vaut du fromage, une dette allemande, des machines-outils et de la technique de pointe. Chacun son truc. Plus l'euro était fort, plus les Allemands étaient contents, car ils vendaient des machines dont personne ne peut se passer : ils les vendaient donc de plus en plus cher, investissaient dans des machines de plus en plus performantes et un service après-vente impec, tandis que les Grecs ne parvenaient plus à vendre leurs fromages ; à tel point que l'industrie agroalimentaire allemande finit par récupérer la fabrication de fromages grecs (authentique). Quel intérêt ont les Grecs à rester dans la zone euro ? Aucun. Ils finiront d'ailleurs par être foutus dehors par « les marchés » (les prêteurs en euro, qui, comme tous les prêteurs, préfèrent prêter aux riches plutôt qu'aux pauvres).

Les Français ont également payé affreusement la politique de l'euro fort. Pourquoi une politique de l'euro fort ? Parce que l'industrie allemande est heureuse avec un euro fort, et parce que les rentiers du monde entier sont heureux avec un euro fort. Quand tu prêtes, tu souhaites que ton capital garde de la valeur. Plus l'euro monte, plus ton capital prend de la valeur, plus tu es content. Une monnaie forte est faite pour les prêteurs (les rentiers), une monnaie faible pour les emprunteurs (les ménages, les entreprises si elles sont situées en bas de l'échelle de production, si leurs produits sont en concurrence).

L'euro fort a détruit l'industrie française. D'autres facteurs ont aidé : la nullité des patrons français, l'insuffisance de la recherche, le transfert massif des « intelligences » (*sic*) vers la finance au détriment de l'industrie. Soit on reste dans l'euro – et on accepte qu'il n'y ait plus aucune industrie en France, qu'il ne reste que du tourisme et un peu d'industrie informatique liée aux médias, mais ni avions, ni industrie pharmaceutique, ni biotechnologies, ni voitures évidemment, ni rien –, soit on sort de l'euro et on sauve ce qui peut être sauvé. Pourquoi faudrait-il sauver l'industrie, ducon ? Parce que la recherche appliquée peut booster la recherche fondamentale : il y a une synergie entre les deux. Si l'on veut une recherche de qualité, il faut un minimum d'industrie (cela dit, on peut se foutre complètement de la recherche et dire *« vive les Amish »*, ce que je comprends). Si l'on veut une « transition énergétique », il faut un minimum d'industrie.

Mais si on sort de l'euro, tout se casse la gueule, non ?

Eh non…

ONCLE BERNARD

2014

En publiant cet article, Bernard Maris fait sensation. Pour lui, rester dans la zone euro signifie la disparition de l'industrie en France.

▸ JOURNAL D'UN ÉCONOMISTE EN CRISE PAR ONCLE BERNARD

QUAND « CHARLIE » AVAIT 20 ANS

En 1968 s'est produit un événement mémorable : Cavanna a fait un édito dans *Hara-Kiri* qui disait en gros que son journal était un journal politique et que seuls les couillons ne s'en étaient pas aperçus. J'en faisais partie, avec d'autres couillons du lycée Pierre-de-Fermat. Après *Hara-Kiri*, *Charlie* est arrivé, puis *Charlie* nouvelle formule, qui sont devenus de plus en plus ouvertement « politiques ». Ça veut dire quoi, politique, pour un journal satirique qui n'aime pas vraiment les politiciens ? Sarko-caca, Hollande-cucul (allusion, vous l'aurez noté, au caractère finement sexuel et scatologique de *Charlie Hebdo*) ? Pas du tout. Ça veut dire « donneur de leçons » ? Non point. Alors, c'est le ricanement cynique ? Non, ce n'est pas le ricanement cynique. Le cri du partisan, alors ? Là, vous approchez. *Charlie* est plutôt de gauche, même si certains qui se disent sinistres (fine et cuistre allusion à l'étymologie de « sinistre ») sont d'affreux réactionnaires ; moi, par exemple, qui, contrairement à Cavanna, reste un ennemi radical du progrès et rêve de revenir à la bougie pour éclairer ma femelle décorant la grotte Chauvet avant de me ruer, ébloui, sur elle. *Charlie* de gauche, oui, mais se donnant la possibilité de réagir sur tout événement social, international, qui hérisse les poils de l'intelligence, laquelle est poilue, un peu plus que la poésie.

Ainsi, *Charlie* a proposé l'interdiction du Front national. Plus tard, *Charlie* a soutenu les altermondialistes, ATTAC et tous ceux qui disaient : « *Un autre monde est possible.* » Tout le monde était à peu près d'accord. Ensuite, *Charlie* dans ses éditos a soutenu les bombardements de l'OTAN sur la Serbie. Une partie de l'équipe était contre. Ensuite, *Charlie*, toujours dans ses éditos, a dit Vive l'Europe ! et oui au traité constitutionnel. Une partie de l'équipe était contre. De même sur le conflit israélo-palestinien : certains étaient pro-israéliens, d'autres propalestiniens. De même sur le 11-Septembre. Aucun de ces débats ne fut « Café du commerce ». Les éditos étaient longs et argumentés. Les dessins étaient frappants et pleins de sens (l'avantage d'un dessin, c'est qu'il n'a pas à être long et argumenté). Ensuite, *Charlie* est devenu farouchement anti-Sarko, ce qui a posé un problème : la négation tint un temps lieu de pensée. C'est très difficile de ne pas céder à l'invective, à l'insulte ou au ricanement cynique. Sauf que *Charlie* ne discute pas avec certains. Les électeurs du FN (contrairement à beaucoup d'hommes politiques) et les chasseurs, par exemple. « Chasseurs, gros cons » achève avant qu'elle ne débute toute discussion. Autres exemples : les islamistes, les homophobes, etc. *Charlie* a osé publier les caricatures de Mahomet, et si ce n'est pas un acte de grand courage politique, ça y ressemble.

Tout au long de ces dessins, vous verrez évoluer les lignes politiques de *Charlie*. Vous découvrirez — rarement — ses faiblesses, quand l'invective masque le manque de pensée. Ses faiblesses, qui sont autant d'interrogations sur ce qui fait le sel de la vie.

Car la politique selon *Charlie* ne consiste pas à déclamer, mais à interroger : pourquoi la vie n'est-elle pas celle que nous rêvons, poétique, pacifiée, intelligente, argumentée et argumenteuse, spéculative, contradictoire, mais telle qu'aucune contradiction, aucune chamaillerie ne puisse au terme d'une belle discussion se dissoudre dans un verre de rouge et jamais dans une flaque de sang ? La politique de *Charlie* est non violente et non haineuse. Elle est gaie. Elle se veut ainsi. Aucun problème politique ne doit résister à un bon rire. Riez, amis, riez. Il paraît qu'au moment d'être fusillé Cavanna rigolait. ■

▲ **2015** *Charlie Hebdo*
n°1178 du 14 janvier
Texte publié en hommage
à Bernard Maris

◀ **2014** *Charlie Hebdo*
n°1138 du 9 avril

?
É

MUSTAPHA OURRAD

21 JUIN 1954
Mustapha Ourrad
naît à Aït Larbâa (Algérie)

1980
Arrive en France

1991
Suit une formation de correcteur
à l'Institut national
de formation et de recherche
sur l'éducation permanente
(INFREP)

1992
Travaille pour Hachette Livres

1995
Intègre l'équipe
de *Charlie Hebdo*

1998
Collabore à *Viva*,
magazine des fédérations
des mutuelles de France

2014
Obtient la nationalité française

7 JANVIER 2015
Victime de l'attentat
contre *Charlie Hebdo*

Mustapha Ourrad dans les gorges du Tarn, en 1996 ▼

Mustapha Ourrad dans les locaux de Charlie, en 2010 ▼

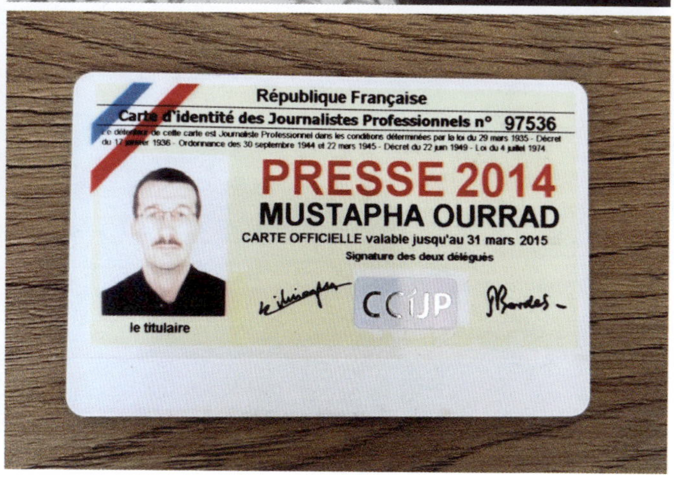

Carte de presse de Mustapha Ourrad pour l'année 2014 ▲

Pour signaler les erreurs dans un texte, le correcteur utilise des symboles pour indiquer les rectifications qui s'imposent ▶

R É P U B L I Q U E   F R A N Ç A I S E

Dossier n° 2014X 009581 94

Extrait du décret n° 041 / 1060 du 15/10/2014
Publié au *Journal officiel* du 17/10/2014

**Portant réintégration
dans la nationalité française**

**Est réintégré(e) dans
la nationalité française :**

OURRAD Mustapha

né le 21/06/1954 à Aït Larbaa Béni Yenni (Algérie)

Le Premier Ministre

Manuel VALLS

Le Ministre de l'Intérieur

Bernard CAZENEUVE

L I B E R T É   É G A L I T É   F R A T E R N I T É

2014

Mustapha Ourrad obtient la nationalité française en octobre 2014.

République Française

LA MINISTRE DE LA CULTURE ET DE LA COMMUNICATION

nomme par arrêté de ce jour
à titre posthume

Monsieur Mustapha OURRAD

CHEVALIER DE L'ORDRE DES ARTS ET DES LETTRES

Fait à Paris, le 14 janvier 2015

Fleur PELLERIN
Ministre de la Culture et de la Communication

2015

La distinction de Chevalier de l'Ordre des Arts et des Lettres est décernée à Mustapha Ourrad à titre posthume.

MUSTAPHA, LA « CORREC » ET NOUS

Plus de cinq années ont passé, et, si la vie « a continué » en dépit de, si le temps ne s'est pas arrêté, il n'a en rien effacé une mémoire sinon fidèle, du moins obsédante – la mienne. Ce procès est une occasion supplémentaire de « me souvenir » d'eux, et, tout particulièrement, de lui, Mustapha Ourrad, avec qui j'ai partagé la correction, la « correc », de *Charlie.*

Mustapha était très brillant, et studieux, car le français et la littérature en général le passionnaient. On se recommandait mutuellement des livres qui nous avaient plu, ou choqués, en tout cas marqués. Cavanna revenait souvent dans nos conversations, nous admirions son œuvre, et sa haine viscérale pour les points-virgules (que je partage...), justement argumentée, nous amusait.

Mustapha avait fait une école très sérieuse, qui s'appelait à l'époque Coforma. Ignorant ce qu'elle est devenue, je recherche sur Internet, qui m'indique que je me trompe, que le mot exact, c'est... Conforama. Je me vois le lui raconter, il en aurait bien ri.

Mustapha y avait appris la technique, qu'il maîtrisait et appliquait à la perfection, et avait acquis à jamais le savoir. D'ailleurs, chez lui, c'était comme inné. Je ne sais pas s'il est sorti premier de la promo d'alors, j'espère toutefois que ses enseignants ont eu conscience de la qualité exceptionnelle de « l'élève » qu'il fut.

J'étais pour ma part un peu moins regardante sur *la règle,* préférant « passer » sur un « mal-dit » lorsqu'il rendait exactement ce que leurs auteurs voulaient exprimer. On en discutait alors, passionnément. On se complétait de fait parfaitement, formant un « couple » uni par la même passion de la langue française et soucieux que les journalistes qui nous confiaient leurs textes l'expriment correctement, sans pour autant qu'ils se sentent trahis.

J'adorais qu'on corrige ensemble « Les Puces », j'en défendais ardemment les petites imperfections. Il me chipotait ! Parfois je gagnais, quand c'était lui, je râlais pour rire, mais reconnaissais sa grande compétence. On avait des échanges sur les animaux et sur la maltraitance qu'ils subissent, c'était pour moi un grand réconfort de le voir s'intéresser sincèrement à ce que je dénonçais, et qu'il ignorait. On parlait beaucoup, également, de lui, de sa vie avant qu'il arrive en France. La chronique que je tiens le touchait également dans son histoire personnelle.

Une passion pour la langue française

En Kabylie, Mustapha avait un chien, un dogue allemand, qu'il aimait beaucoup. Ce sont de bons grands et gros chiens très gentils, bien qu'imposants. Il n'a pas vécu longtemps. *« On me l'a tué. Par jalousie. »*

LUCE LAPIN

▲ **2020** *Charlie Hebdo*
n°1467 du 2 septembre

L'AMOUR SANS TRÊVE

ANTONIN ARTAUD

Ce triangle d'eau qui a soif
cette route sans écriture
Madame, et le signe de vos mâtures
sur cette mer où je me noie.

Les messages de vos cheveux
le coup de fusil de vos lèvres
cet orage qui m'enlève
dans le sillage de vos yeux.

Cette ombre enfin, sur le rivage
où la vie fait trêve, et le vent,
et l'horrible piétinement
de la foule sur mon passage.

Quand je lève les yeux vers vous
on dirait que le monde tremble,
et les feux de l'amour ressemblent
aux caresses de votre époux.

▲ Passionné par la poésie, Mustapha Ourrad admirait notamment Antonin Artaud, Arthur Rimbaud et Baudelaire

ROYAUTÉ

ARTHUR RIMBAUD

Un beau matin, chez un peuple fort doux, un homme et une femme superbes criaient sur la place publique : « Mes amis, je veux qu'elle soit reine ! » « Je veux être reine ! » Elle riait et tremblait. Il parlait aux amis de révélation, d'épreuve terminée. Ils se pâmaient l'un contre l'autre.

En effet ils furent rois toute une matinée, où les tentures carminées se relevèrent sur les maisons, et tout l'après-midi, où ils s'avancèrent du côté des jardins de palmes.

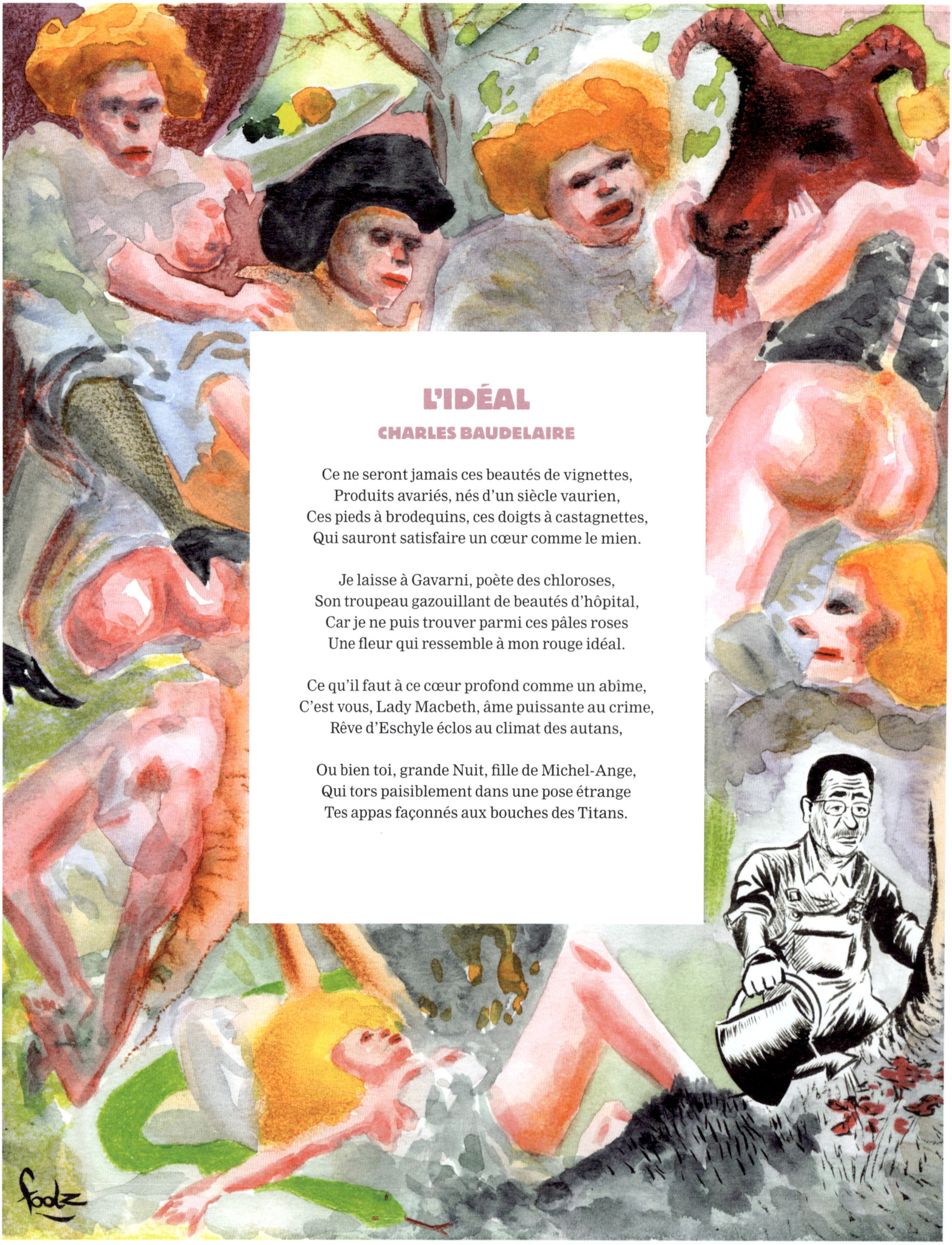

L'IDÉAL

CHARLES BAUDELAIRE

Ce ne seront jamais ces beautés de vignettes,
Produits avariés, nés d'un siècle vaurien,
Ces pieds à brodequins, ces doigts à castagnettes,
Qui sauront satisfaire un cœur comme le mien.

Je laisse à Gavarni, poète des chloroses,
Son troupeau gazouillant de beautés d'hôpital,
Car je ne puis trouver parmi ces pâles roses
Une fleur qui ressemble à mon rouge idéal.

Ce qu'il faut à ce cœur profond comme un abîme,
C'est vous, Lady Macbeth, âme puissante au crime,
Rêve d'Eschyle éclos au climat des autans,

Ou bien toi, grande Nuit, fille de Michel-Ange,
Qui tors paisiblement dans une pose étrange
Tes appas façonnés aux bouches des Titans.

MUSTAPHA, CHERCHEUR D'OR

Mustapha était correcteur à *Charlie Hebdo* depuis des années. Le correcteur effectue un travail capital pour un journal comme pour la rédaction d'un livre : il corrige. Non seulement les fautes de français, de grammaire, de vocabulaire, mais il vérifie aussi les informations, les chiffres, les dates, et les lieux cités par l'auteur. Les textes qui nous sont rendus ont de la chance d'avoir des correcteurs pour les relire, sans quoi, ils seraient truffés d'erreurs de français, et d'inexactitudes. C'était le travail de Mustapha à *Charlie*. Lui qui corrigeait nos fautes de français n'avait toujours pas la nationalité française et avait introduit une demande pour l'obtenir, alors qu'il vivait en France depuis des années.

Mustapha parlait d'une voix douce et timide et il fallait tendre l'oreille quand il s'adressait à vous. Quand on l'interrogeait pour comprendre la signification de la correction qu'il nous proposait, il exposait les raisons de notre erreur avec la même prévenance que le médecin qui explique à son patient pourquoi il a un gros furoncle ignoble sur la fesse, mais sans jamais chercher à l'humilier. Mustapha aurait très bien pu se moquer de nous car les fautes d'orthographe dans les dessins comme dans les textes se sont toujours bien portées à *Charlie Hebdo*.

Lui, si discret, s'aventura un jour à me parler de son enfance en Algérie. Il m'expliquait qu'adolescent, il devait porter, dans certaines grandes occasions, un habit traditionnel sous lequel il crevait de chaud. Mais il ne devait pas se plaindre car les anciens du village n'auraient pas manqué de le réprimander. Comme bien d'autres, il avait suivi les usages imposés par son milieu familial, mais en le voyant avec nous à *Charlie Hebdo*, j'imaginai qu'il était parvenu à s'en écarter pour vivre la vie qu'il avait choisie. Son parcours personnel était énigmatique, et selon une règle non écrite au journal, quand un collaborateur ne vous parle pas de sa vie privée, on ne lui demande rien car elle n'appartient qu'à lui.

Incollable sur la grammaire et l'orthographe, il était inutile d'essayer de le prendre en défaut. Mustapha en savait toujours plus que vous sur les substances infinies de notre langue. Un jour pourtant, alors qu'il corrigeait un hors-série consacré au petit Jésus que je venais de réaliser, il me demanda ce qu'étaient des « éons », terme que j'avais utilisé dans certains dessins. Je lui expliquai que c'étaient des mondes célestes placés entre les humains et Dieu et que selon des passages des évangiles apocryphes il en existait sept. Lorsque Dieu voulait parler aux hommes directement, les sept éons s'ouvraient les uns après les autres, comme les portes d'un coffre-fort, et laissaient la parole divine descendre sur terre. C'est en tout cas ce que j'avais cru comprendre, sans être totalement sûr de ne pas m'être trompé. Il faut dire que ce n'est pas tous les jours, au bistro entre les cacahuètes et l'apéro, ni le dimanche midi autour du gigot familial, qu'on peut glisser dans une conversation *« Tiens, ce matin j'ai vu les sept éons par ma fenêtre. »* Trois mois avant de se faire massacrer par deux fanatiques islamistes convaincus qu'ils seraient accueillis au ciel par un troupeau de vierges offertes à leurs turpitudes, les deux athées que Mustapha et moi étions devisaient sur la manière dont Dieu s'adressait aux hommes.

Mais le paradis de Mustapha était ailleurs. Le sien tenait dans les pages du dictionnaire. Chaque fois qu'il découvrait un mot inconnu de lui, il semblait aussi heureux qu'un chercheur d'or qui vient de repérer une minuscule pépite dans sa bassine. C'est bien la seule fois où j'eus l'occasion d'apprendre à Mustapha quelque chose qu'il ignorait. La seule et la dernière. Nous étions à l'automne 2014, et quelques semaines plus tard, Mustapha était au nombre des victimes de *Charlie Hebdo*. Il venait d'obtenir sa nationalité française.

RISS
Une minute quarante-neuf secondes,
éd. Actes Sud/Charlie Hebdo-Les Échappés, 2019.

TiGNOUS

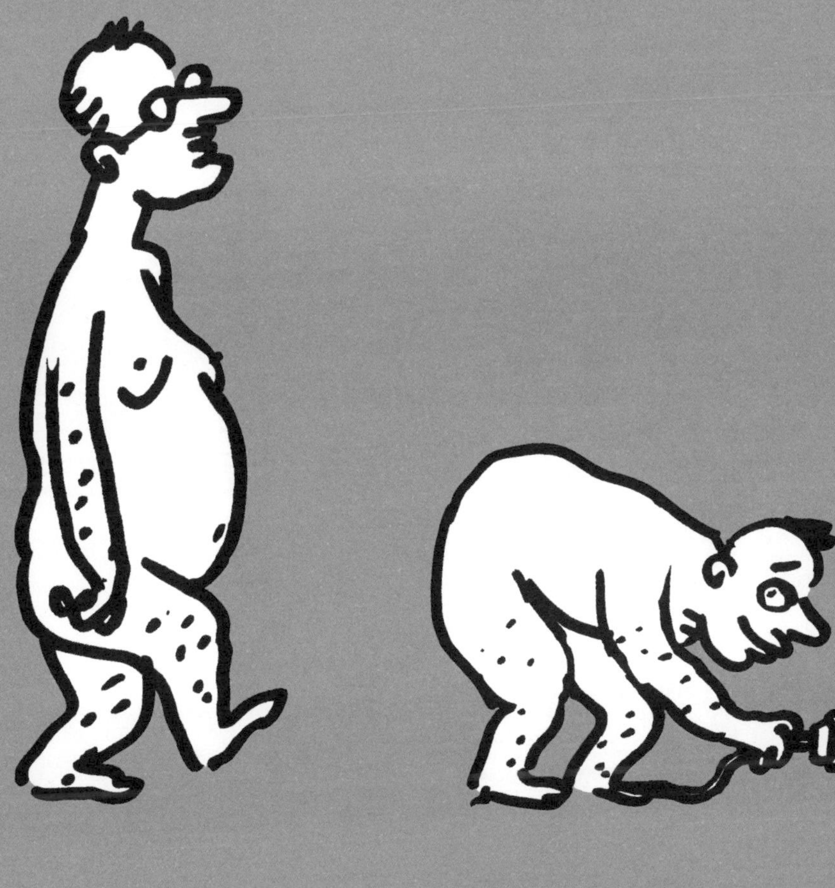

21 AOÛT 1957
Bernard Verlhac (dit Tignous) naît à Paris

1977
Publie ses premiers dessins dans le mensuel *Antirouille*

1979
Diplômé de l'école Boulle en architecture d'intérieur

ANNÉES 1990
Se tourne vers le dessin satirique et publie dans de nombreux journaux, comme *Fluide Glacial*, *L'Idiot international*, *L'Événement du jeudi*, *l'Écho des Savanes*, *La Croix*, *Télérama*, *Sciences et vie Junior* et *L'Humanité Dimanche*

1991
Intègre l'équipe de *La Grosse Bertha*

1992
Participe à la reparution du journal *Charlie Hebdo*

1997
Devient le premier dessinateur de *Marianne*

2005, 2010
Premier dessinateur à partir avec Clowns Sans Frontières, aux Philippines puis en Birmanie

2006, 2008
Dessine dans l'émission *Impertinences* sur LCP, puis dans *T'empêches tout le monde de dormir* sur M6

2007
Couvre le procès d'Yvan Colonna pour *Charlie Hebdo.* Membre de Cartooning for Peace

2010
Avec le soutien du WWF, publie l'album *Pandas dans la brume*

7 JANVIER 2015
Victime de l'attentat contre *Charlie Hebdo*

Carte de presse de Tignous pour l'année 2013 ▼

▲ Luz, Tignous et Gébé dans les locaux de *Charlie*, en 1993

Tignous dans les locaux de *Charlie* rue de Turbigo, en 1998 ▲

1977 ▸
Hors-série *Antirouille*
« Bande dessinée »

1977

Tignous publie ses premières illustrations dans le magazine *Antirouille*, un mensuel « fait par des jeunes pour des jeunes ».

1977
Antirouille n°15
de mai ▾

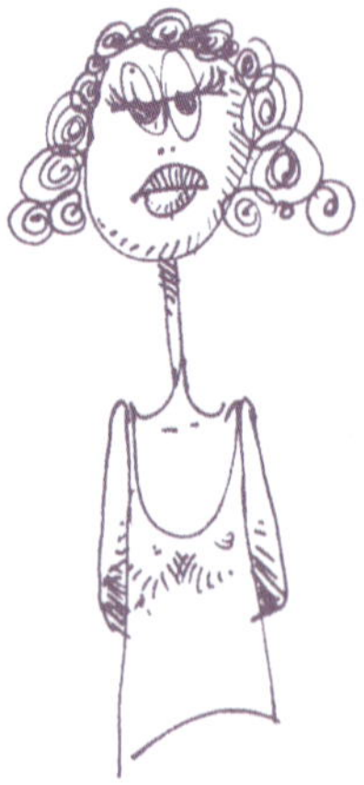

◂1978
Antirouille n°24 d'avril

TIGNOUS
CHOUCOU
YOUPÏÏi
?
BZOiNG

1982

Tignous se tourne vers le dessin satirique et commence à travailler pour le magazine *Fluide Glacial*.

BOURVIL

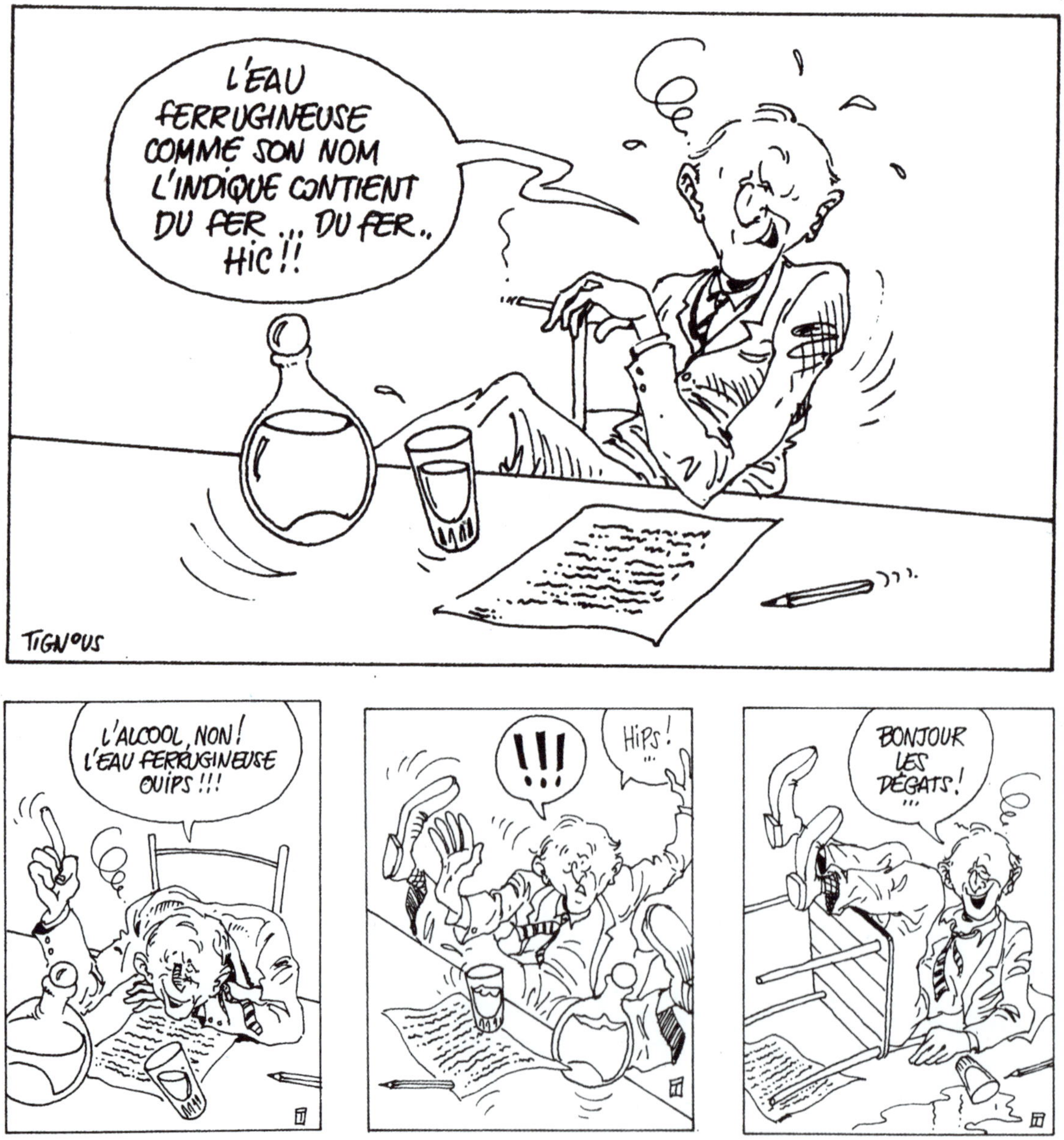

▲ 1984
Fluide Glacial
n°98 d'août

“ LA CARICATURE EST UN TÉMOIN DE LA DÉMOCRATIE ”

TIGNOUS

▲ **2004**
Hors-série *Fluide Glacial*
n°26 d'avril

▲ **1991**
L'Idiot international
n°43 du 9 janvier

1990

Tignous publie ses premiers dessins d'actualité dans le journal *L'Idiot international*.

1991
L'Idiot international
n°45 du 23 janvier ▼

1990
L'Idiot international
n°39 du 5 décembre ▼

1991
L'Idiot international
n°47 du 6 février ▼

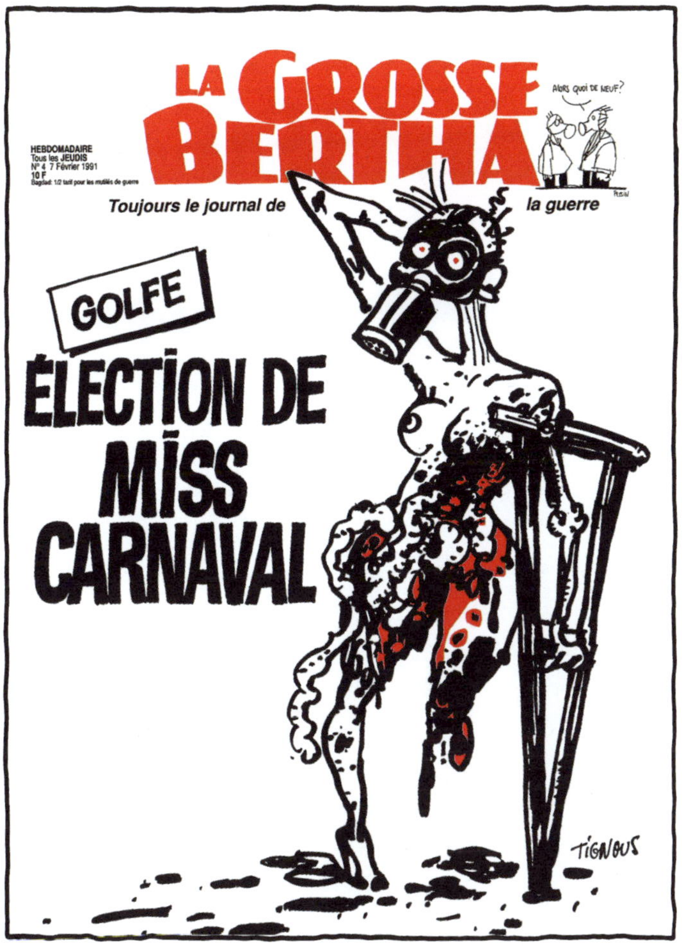

1991
La Grosse Bertha
n°4 du 7 février

1991

Tignous rejoint la rédaction de l'hebdomadaire satirique *La Grosse Bertha.*

1992
La Grosse Bertha
n°62 du 2 avril

1991
La Grosse Bertha
n°9 du 14 mars

BIENVENUE DANS UN MONDE POULENC par CYRAN | LOURDES LA SOMALIE par RISS par tout le monde | Les vrais débats de la gauche

CHARLIE HEBDO

N° 24 • MERCREDI 9 DÉCEMBRE 1992 • 10 francs • 70 francs belges • 3 francs suisses • 3,25 dollars canadiens • 2 900 lires

M 5777 - 24 - 10,00 F

CHÔMEURS, DEVENEZ PHILIPPINS !

par Philippe VAL

Un rêve... Pouvoir bosser chez soi. Plus de train de banlieue, plus de collègues de bureau, plus de coupes de mousseux qui flanquent la migraine pour le départ de monsieur Paul, plus de léchouilles à faire à un chef dont on espère secrètement qu'il sera un jour emporté par un infarctus, une cirrhose, une sclérose en plaques, un herpès géant qui le bouffera des couilles au plafond, plus de petits matins d'hiver quand il fait encore nuit, qu'il pleut, et que toutes les odeurs d'humains mouillés ressortent dans la chaleur des wagons, parfums trop abondants, haleines de tabac, les couches de fard sur les boutons d'une moche voisine, les premières boursouflures de l'alcool sur le visage d'un contrôleur encore jeune, et tout ça avec un petit café noir dans le bide, un unique petit café noir pour lutter contre toute la mélancolie du monde... Terminé ! Grâce aux progrès de la communication, tout ce monde-là s'achève. Vive l'ère du télétravail ! Déjà qu'en ce qui nous concerne, l'industrie et l'agriculture, c'est rideau, pour le reste, c'est-à-dire ce qu'on appelle les services, le tertiaire, les emplois de bureau, quoi, grâce aux ordinateurs et aux lignes téléphoniques, on va pouvoir tout faire à la maison. Vous vous souvenez ? Il y a eu des reportages là-dessus à la télé voilà quelques années... Une révolution !!! Remarquez, bosser à domicile ne présente pas que des avantages... Les couples, par exemple, vont se retrouver mariés toute la journée, au lieu de ne l'être que le dimanche. Et quand on a fini de travailler, c'est quand même agréable de foutre le camp du bureau. Tandis que chez soi, passer du salon à la cuisine, ça fait léger, comme dépaysement... A l'année, rester chez soi... Dans son troisième étage... A buter sur les ignobles jouets en plastique des gnards, à caresser d'un regard lourd les imbéciles cadeaux de mariage, les photos de famille écœurantes... On risque de se transformer en poisson rouge. Faudra prévoir un service de ravitaillement qui nous lâchera une petite pincée de plancton deux fois par jour. Ça va donner envie de s'engager dans une bande de pillards somaliens, pour se dégourdir un peu les jambes... Toute sortie deviendra suspecte : « Chéri(e), j'ai trouvé un ticket de métro dans ta poche. Tu me trompes ? » Et puis, pour un pouvoir politique, c'est idéal. Quand chacun est chez soi, personne ne monte le bourrichon à personne. Plus de réunions syndicales, plus de réunions politiques. Que des réunions Tuperware. Remarquez, ça, c'est déjà fait. Alors, c'est bien, ou c'est mal, le télétravail ? Disons que ça laisse le choix. Ceux qui préfèrent aller au bureau n'ont qu'à y aller, ceux qui préfèrent rester chez eux n'ont qu'à y rester. Et voilà. Un choix, c'est un progrès. Sauf qu'il n'y a pas de choix du tout. Tout cela n'est pas pour demain. Mais alors, on nous a menti, le télétravail n'existe pas ? Si, il existe. Mais alors, ça ne marche pas ? Mais si, ça marche merveilleusement bien. Mais le choix est déjà fait. Et pas par vous. Par les hauts responsables des Télécoms, les

Suite page 3

▲ 1992
Charlie Hebdo
n°24 du 9 décembre

1992

Tignous fait partie de la nouvelle équipe de *Charlie Hebdo*.

Rwanda

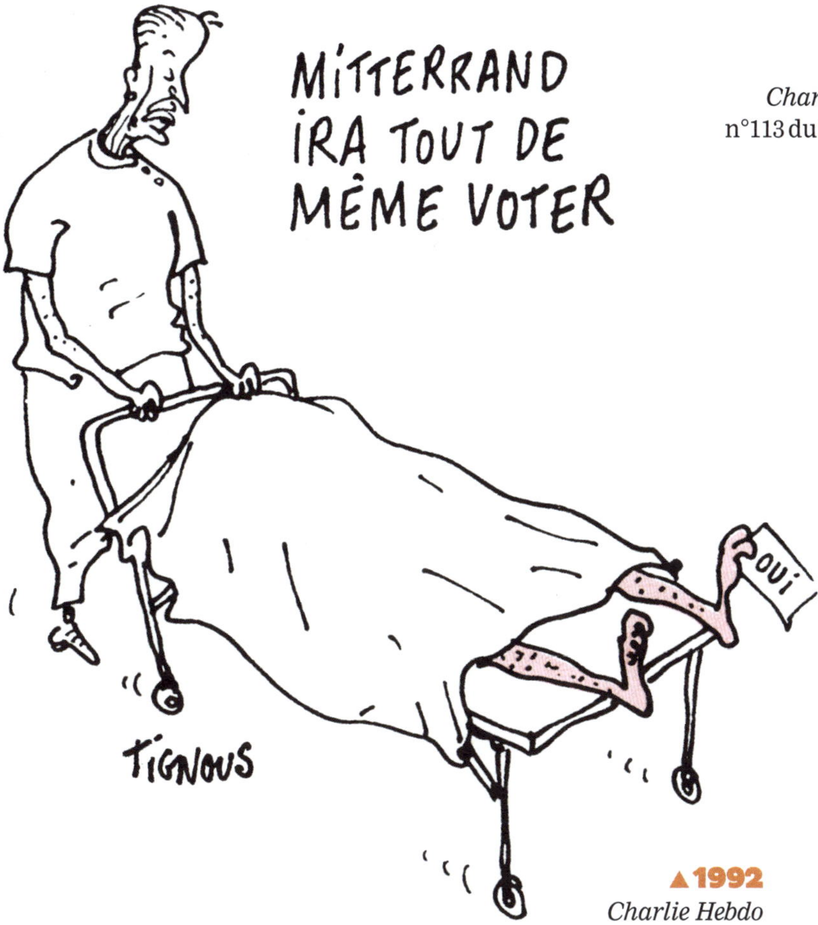

▲1992
Charlie Hebdo
n°12 du 16 septembre

1994
Charlie Hebdo
n°113 du 24 août ▶

1994
Charlie Hebdo
n°104 du 22 juin ▼

1993
Charlie Hebdo
n°42 du 14 avril ▼

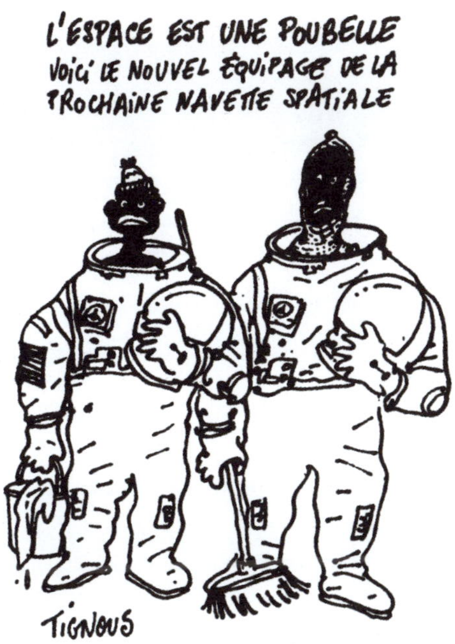

▲ **1994** *Charlie Hebdo*
n°119 du 5 octobre

▲ **1999** *Charlie Hebdo*
n°349 du 24 février

1994 *Charlie Hebdo*
n°119 du 5 octobre ▼

1998 *Charlie Hebdo*
n°291 du 14 janvier ▼

▲**2001** *Charlie Hebdo*
n°467 du 30 mai

▲**2005** *Charlie Hebdo*
n°655 du 5 janvier

2010 *Charlie Hebdo*
n°955 du 6 octobre▼

2011 *Charlie Hebdo*
n°986 du 11 mai▼

1997

▲2011
Hors-série *Marianne*
n°4H de décembre ▼

Tignous devient le premier dessinateur de *Marianne* à la demande de Jean-François Kahn, fondateur du journal, avec qui il travaillait à *L'Événement du jeudi*.

▲2011
Hors-série *Marianne*
n°4H de décembre ▼

2004

Pendant un an, Tignous et le journaliste Antonio Fischetti se plongent dans l'univers des sectes pour *Charlie Hebdo*. Leurs enquêtes et reportages sont publiés dans un hors-série.

2004

Hors-série *Charlie Hebdo* n°18H de mai, « Charlie saute sur les sectes », Antonio Fischetti et Tignous

2007

Du 12 novembre au 13 décembre 2007, Tignous et le journaliste Dominique Paganelli suivent le procès d'Yvan Colonna. Ces quatre semaines d'audience sont regroupées dans un ouvrage, *Le Procès Colonna*, qui recevra le Prix France Info de la BD d'actualité et de reportage en 2009.

◀ *Le Procès Colonna,*
Tignous et Paganelli, éd. 12bis, 2008 / éd. Glénat, 2015 ▼

▲ *Le Procès Colonna*,
Tignous et Paganelli, éd. 12bis, 2008 / éd. Glénat, 2015

Après le procès Colonna, Tignous obtient la carte de la presse judiciaire et l'autorisation de l'administration pénitentiaire pour aller en reportage dans les prisons.

Murs… murs, Tignous, éd. Glénat, 2015
Reportage de Tignous sur le monde carcéral, publié à titre posthume ▼

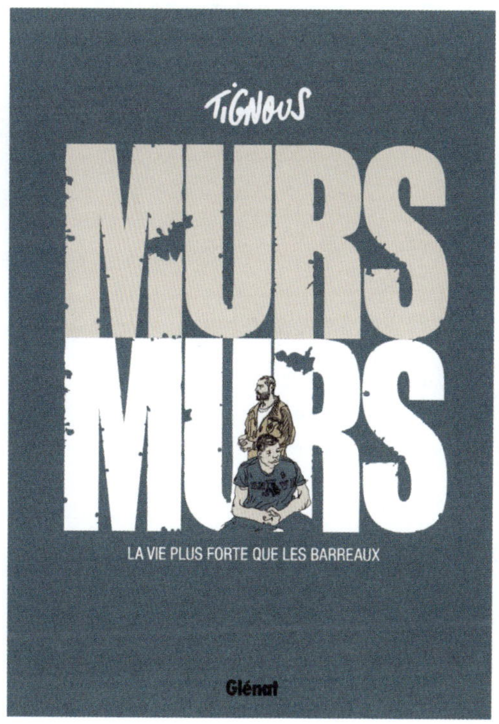

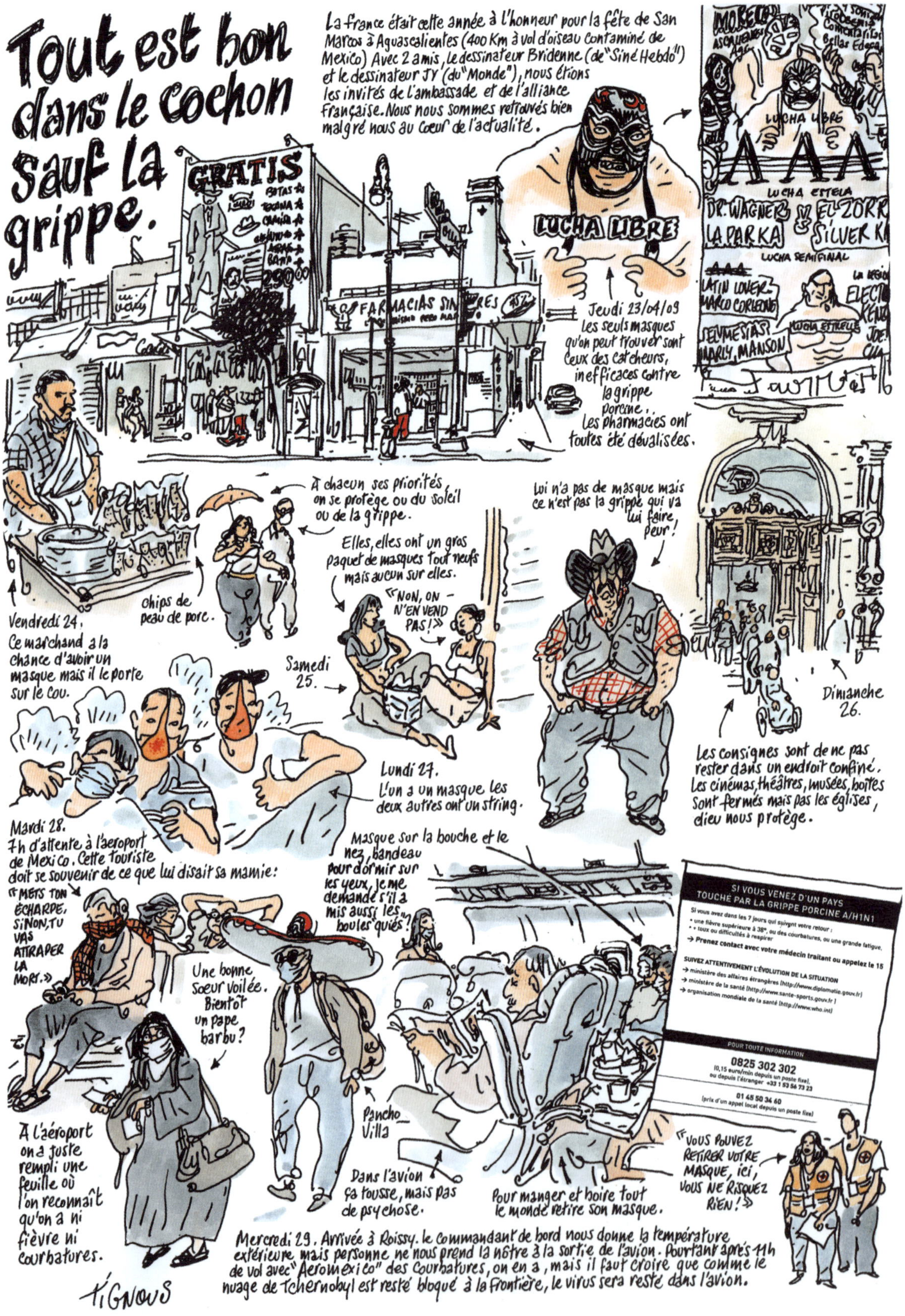

▲2009
Charlie Hebdo
n°881 du 6 mai

2009

Tignous en reportage à la fête de San Marcos, au Mexique.

2010

Avec le soutien du WWF, Tignous défend la cause animale en éditant l'album *Pandas dans la brume*, dont les planches ont d'abord été publiées dans *L'Écho des Savanes*.

▲*Pandas dans la brume*, Tignous, éd. Glénat, 2010

2011
Charlie Hebdo n°969, n°972 et n°982
« Sentiment d'insécurité »

2011

Charlie Hebdo n°986 et n°987
des 11 et 17 mai

2011

Les locaux de *Charlie Hebdo* sont incendiés le soir du 2 novembre. Tignous se rend sur les lieux au petit matin.

▲**2011** *Charlie Hebdo* n°1012 du 9 novembre

PÉTITION DE SOUTIEN À CHARLIE HEBDO ET À LA LIBERTÉ D'EXPRESSION

http://bit.ly/W8lYy3

Vous avez été des milliers à nous témoigner votre soutien, nous avons reçu des messages du monde entier, y compris de pays où il est interdit de rire de quoi que ce soit, et encore moins d'un prophète. Beaucoup d'entre vous nous demandent comment nous aider. C'est simple, il suffit de nous lire aussi souvent que vos moyens le permettent. C'est vous qui faites vivre la presse libre autant que nous. Et puis vous pouvez aussi signer cette pétition de soutien afin de montrer aux intellectuels compassés, aux politiques résignés et à la bourgeoisie adepte du bon goût et de la censure que le pire scandale dans un pays libre n'est pas d'abuser de la liberté d'expression, mais de craindre de s'en servir.

Au nom de toute l'équipe, merci d'être à nos côtés.

Charb

Nous, lecteurs ou non-lecteurs de *Charlie Hebdo*,

affirmons que la liberté de la presse ne s'arrête pas où commencent les menaces et les intimidations d'une poignée d'excités relayés et légitimés par des politiques et des intellectuels pétochards. Si la liberté d'expression a des limites, celles-ci sont fixées par la loi, pas par la violence ou la promesse de violence.

En publiant des dessins représentant Mahomet, *Charlie Hebdo* n'a usé que de son droit à la satire. *Charlie Hebdo* est un journal de mauvais goût? Qu'est-ce que serait un journal satirique de bon goût?

Il serait permis de caricaturer le pape, Jésus, Moïse, Bouddha, Marx, Napoléon, notre belle-mère, mais pas Mahomet? Qu'est-ce qui justifierait une telle discrimination?

La véritable insulte, c'est suggérer que les musulmans ne sont pas des croyants et des citoyens comme les autres dans la mesure où le second degré et la modération leur seraient inaccessibles.

Avec *Charlie Hebdo*, nous disons, oui, on peut rire de tout, mais personne n'est obligé!

▲ 2012
Charlie Hebdo
n°1059 du 3 octobre

2012

Charlie Hebdo **publie des caricatures de Mahomet dans le n°1057 du 1er janvier et fait l'objet d'une nouvelle polémique.**

2012 Hors-série *Charlie Hebdo* n°7H
« L'escroquerie nucléaire »

2012

Charlie Hebdo n°1037, n°1038, n°1071
des 2 mai, 9 mai, et 12 décembre

▲**2013** *Charlie Hebdo*
n°1077 du 6 février

2013

Le 23 mai, Tignous accompagne des lycéens et apprentis de Basse-Normandie à Auschwitz-Birkenau.

2013

Tignous rencontre des Femen et dessine leurs échanges dans les pages de *Charlie Hebdo*.

2013 *Charlie Hebdo* n°1080 du 27 février ▼

▲2014

Charlie Hebdo

n°1142 du 7 mai

2014
Charlie Hebdo n°1165 et n°1171
des 15 octobre et 26 novembre

2014
Charlie Hebdo n°1169 et n°1172
des 12 novembre et 3 décembre

2014
Charlie Hebdo n°1152 et n°1157
des 16 juillet et 20 août

2014
Charlie Hebdo n°1162 et 1174
des 24 septembre et 17 décembre

▲2014
Charlie Hebdo
n°1130 du 12 février

2014

Tignous suit les obsèques de Cavanna, décédé le 29 janvier.

DÉFENSE
DE
COURIR

WOLINSKI

29 JUIN 1934
Georges Wolinski naît à Tunis

1958
Publie ses premiers dessins
dans le magazine *Rustica*

1959 • 1961
Effectue son service militaire en Algérie

1961
Rejoint l'équipe du journal *Hara-Kiri*

1965
Publie son premier album,
Histoires lamentables,
aux éditions Hara-Kiri

1968
Fonde le journal *L'Enragé* avec Siné
et dessine dans *Action*

1970 • 1981
Dirige le journal de bandes dessinées
Charlie Mensuel

1977 • 1984
Collabore au journal *L'Humanité*

1992
Participe à la reparution
du journal *Charlie Hebdo*

2005
Reçoit la Légion d'honneur
et le Grand prix du Festival international
de la bande dessinée d'Angoulême

7 JANVIER 2015
Victime de l'attentat contre *Charlie Hebdo*

◀ Wolinski en couverture de *Hara-Kiri* en 1967

Wolinski dessine Coluche à l'occasion du Prix Bête et Méchant qui lui est décerné en 1978 ▼

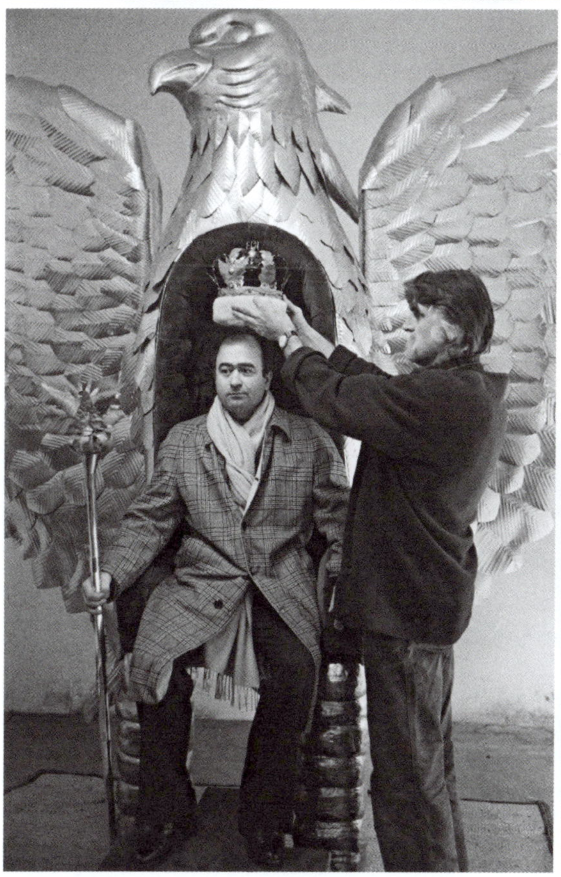

▲ Wolinski couronné par Cavanna sur la réplique du trône de Bokassa pour les 20 ans d'*Hara Kiri*, en 1978

Wolinski en salle de rédaction de *Charlie* rue de Turbigo, en 2000 ▲

◀ Dessins de jeunesse de Wolinski

1960

Wolinski commence l'aventure *Hara-Kiri*. Réalisés à la plume et à l'encre de Chine, ses premiers dessins foisonnent de personnages et témoignent de l'influence du magazine américain *Mad* sur son travail.

1962 ▶ *Hara-Kiri* n°21 d'octobre

1963 *Hara-Kiri* n°26 de mars ▼

1963 ▲
Hara-Kiri
n°28 de mai

1963

Wolinski inaugure sa série « Le Bistrot d'Émile » dans *Hara-Kiri.*

1966

Sur conseil de Cavanna qui observait ses croquis pendant les conférences de rédaction, Wolinski change de style. À partir de 1967, il publie une série de trois tomes érotiques, *Je ne pense qu'à ça*, aux éditions Jean-Jacques Pauvert. Derniers soubresauts de la censure morale, le deuxième tome suscite un arrêté d'interdiction par la commission de surveillance et de contrôle des publications.

> “ UN JOUR, J'AI CHANGÉ DE STYLE. JE ME SUIS LEVÉ UN MATIN, ET J'AI DESSINÉ UNE DIZAINE DE PETITES HISTOIRES. JE ME SENTAIS INTARISSABLE ”
>
> WOLINSKI

1967

Chaque mois dans *Hara-Kiri*, Wolinski dessine un « Hit-parade » : bande dessinée de deux pages sur des thèmes dans l'air du temps.

1963
Hara-Kiri
n°74 de novembre ▼

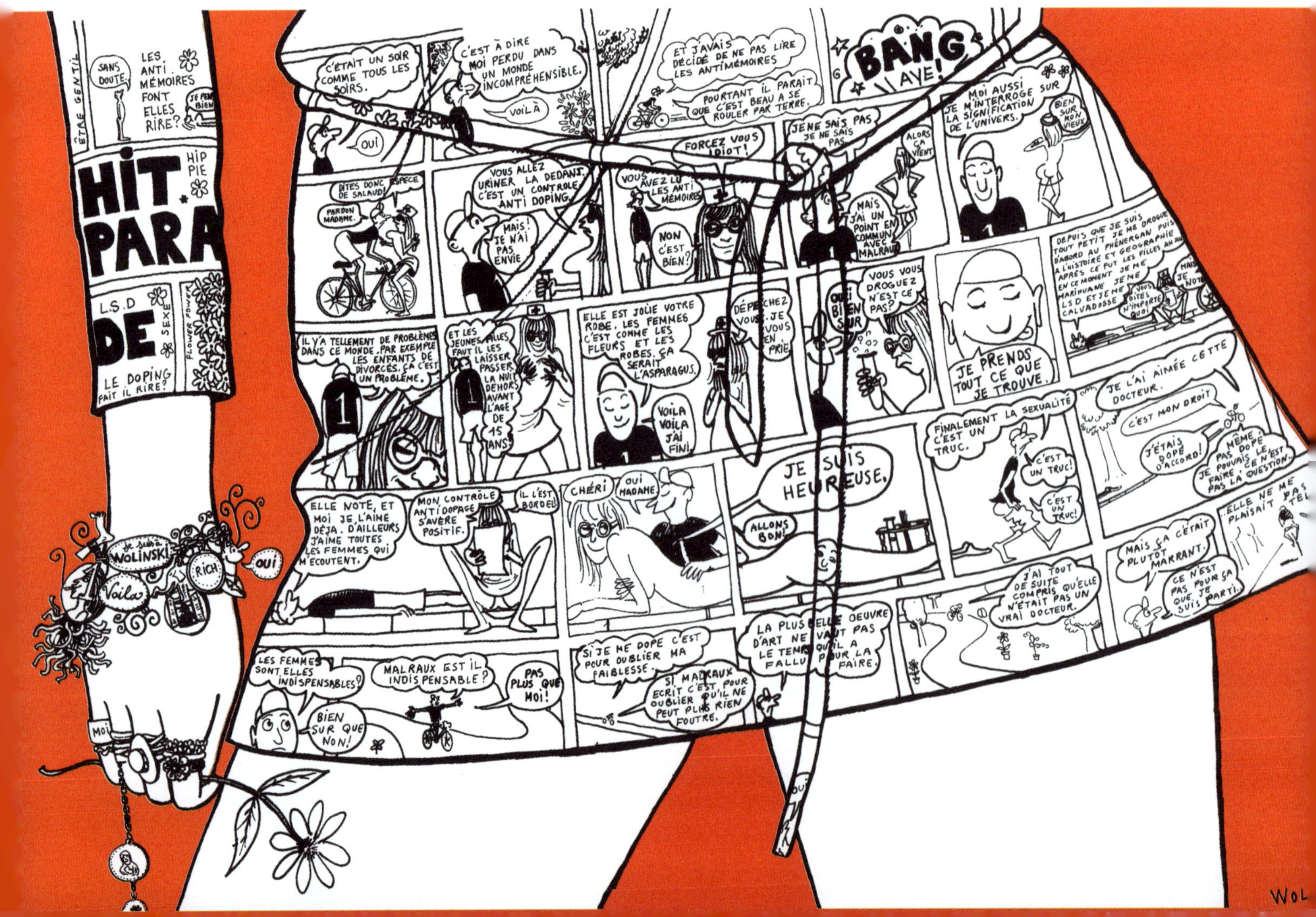

▲
À la fin des années 1960, Wolinski est contacté par des publicitaires avec lesquels il va réaliser de nombreuses campagnes.

▲ **1968** *Action*
n°33 du 13 novembre

1968

Avec Mai 68, Wolinski se politise et dessine dans le journal militant *Action*. Il crée également avec Siné *L'Enragé*, un journal engagé qui publiera treize numéros.

> **“NOUS AVONS FAIT MAI 68 POUR NE PAS DEVENIR CE QUE NOUS SOMMES DEVENUS”**
>
> WOLINSKI

1968 ▶
L'Enragé
n°7 du 8 juillet

1968

C'est dans *L'Enragé* que Wolinski dessine pour la première fois son duo « Monsieur », avec deux personnages de comptoir qui parlent sans s'écouter vraiment. Il reprend ces deux personnages dans *Hara-Kiri*, puis dans *Charlie Hebdo*.

1976 ▸
Charlie Hebdo
n°304 du 9 septembre

▲ Affiche réalisée par Wolinski

1968

Wolinski crée la pièce *Je ne veux pas mourir idiot*, à partir de ses dessins dans *L'Enragé*. Elle est mise en scène par l'acteur, dramaturge et réalisateur Claude Confortès et accompagnée par des chansons d'Évariste.

1968

Wolinski entame une collaboration avec le *Journal du dimanche*.

▲ **ANNÉES 1970**
Journal du dimanche

1969

La couverture du premier numéro de *Hara-Kiri Hebdo* est l'œuvre de Wolinski. La première d'une longue série dont l'humour et le ton ont construit l'identité de *Charlie Hebdo.*

▲ 1969 *Hara-Kiri Hebdo*
n°1 du 3 février

◀ **1978**
Charlie Hebdo
n°396
du 15 juin

▲ **1980** *Charlie Hebdo*
n°581 du 1er octobre

1970

Après l'interdiction de *Hara-Kiri Hebdo*, Wolinski poursuit l'aventure avec *Charlie Hebdo.*

◀ **1972**
Charlie Hebdo
n°99 du
9 octobre

1972 *Charlie Hebdo*
n°103 du 6 novembre ▼

1970

Wolinski succède à Delfeil de Ton au poste de rédacteur en chef de *Charlie Mensuel*. De 1970 à 1981, il fait découvrir au public français de nombreux dessinateurs, aujourd'hui incontournables dans l'histoire de la bande dessinée.

1972

Wolinski participe à *La Gueule ouverte*, « le journal qui annonce la fin du monde », créé par Pierre Fournier.

▲ Illustration de Wolinski pour la chronique d'Émile Prémillieu

1974
La Gueule ouverte
n°20 de juin ▼

1972

Wolinski réalise avec le réalisateur Michel Boschet *Le Pays beau*, un film d'animation mettant en scène un personnage qui souhaite créer son propre pays.

POURQUOI JE TRAVAILLE A "L'HUMANITE"

« Travailler pour « l'Huma », c'est comme si l'un de nous était entré en religion », dit le professeur Choron. « Et si l'un de nous allait travailler à « Minute », devrions-nous le supporter ? », dit Cavanna. « Je ne suis pas d'accord pour que l'un de nous soutienne des gens qui sont pour le nucléaire et l'armée », dit Cabu. On ne peut pas dire que ma collaboration à l'organe du Parti communiste soulève l'enthousiaste de mes amis de vingt ans.

Les lecteurs de « Charlie-Hebdo », ceux qui me connaissent d'avant 68, ceux qui me connaissent depuis 68 et les autres, se posent sans doute les mêmes questions puisque Cavanna me dit qu'il reçoit beaucoup de lettres à ce sujet. Quant à moi, je vais mon chemin, parfois meurtri, souvent ébranlé, amusé aussi de tout ce bordel. Je sens qu'il faut que je m'explique, et ce n'est pas facile parce que je ne sais pas moi-même toujours très bien ce qui me fait agir.

Ce que je peux vous dire, c'est que, dans ma carrière d'humoriste professionnel déjà assez longue, j'ai peu souvent attaqué le Parti et, par contre, j'ai très souvent défendu les communistes. Il faut croire qu'ils s'en sont aperçus puisque Andrieu est venu me chercher. Ils ne sont pas fous, ils n'allaient pas recruter un type pour qu'il leur crache à la gueule.

Je ne sais pas qui vous êtes, nous n'avons jamais fait d'étude pour savoir quel âge vous avez, à quelle catégorie professionnelle ou à quelle classe sociale vous appartenez. Vous êtes les lecteurs de « Charlie-Hebdo », plutôt moins cons que les autres. Depuis le début de la création de ce journal, nous affichons des opinions de gauche, nous avons soutenu Mitterrand aux élections et cela, à l'époque, avait déjà soulevé quelques réticences au sein de la rédaction. Nos cibles ont été de Gaulle, Pompidou, Marcellin, Debré, Chirac, Giscard, parfois Mitterrand et Marchais, mais plus rarement. Nous sommes un journal de gauche, que nous le voulions ou non, pour vous, notre public. Or, plus la gauche se rapproche du pouvoir, plus il semble que nous ayons peur d'elle, comme si, finalement, c'était plus commode d'être de gauche lorsque c'est la droite qui dirige.

Pour ma part, lorsque les communistes m'ont proposé de travailler avec eux, je n'ai pas cru devoir me dérober et me cantonner dans un gauchisme confortable. J'ai tenté l'expérience d'aller dessiner à « l'Huma ». J'y ai rencontré des hommes et des femmes gais, intelligents, chaleureux, avec lesquels je me sens bien et qui me laissent libre de dessiner ce que je veux.

« Bien sûr qu'ils te laissent libre », dit Choron, « puisque tu leur lèches le cul. Il n'y a que deux journaux qui n'ont jamais prononcé les mots « Hara-Kiri » ou « Charlie-Hebdo », ce sont « le Parisien libéré » et « l'Huma ». Ces gens nous méprisent. »

Il n'a pas tout à fait tort, le professeur Choron. Dans « l'Huma », j'ai réservé mes critiques aux ennemis et alliés des communistes, sans jamais les critiquer eux-mêmes. Pourquoi ? Eh bien, je n'en ai pas envie, et je trouve que d'autres que moi ont de meilleures raisons de le faire. Ce n'est peut-être pas une très bonne réponse, mais c'est la seule que j'ai trouvée.

Les élections approchent ; j'ai fait le choix de participer à un combat avec les communistes, sans illusions ni espoir exagérés. Parce que je ne pouvais plus naviguer dans l'ambiguïté. Et aussi parce que cela m'amuse d'être honnête.

« Ah, si ça t'amuse », dit Choron, « ce n'est pas pareil. » Et il me sert à boire. Mais je vois bien qu'il est triste.

Wolinski.

1977

Wolinski rejoint *L'Humanité* et y collabore jusqu'en 1984.

1977 *L'Humanité* n°10186 du 27 mai
Premier dessin de Wolinski ▶

▲ **1981** *Charlie Hebdo* n°580 du 23 décembre

1981

Le 23 décembre, *Charlie Hebdo*, rebaptisé *L'Hebdo Hara-Kiri*, s'arrête par manque de lecteurs. Wolinski illustre la couverture du dernier numéro.

1990

Wolinski arrive à *Paris Match*.

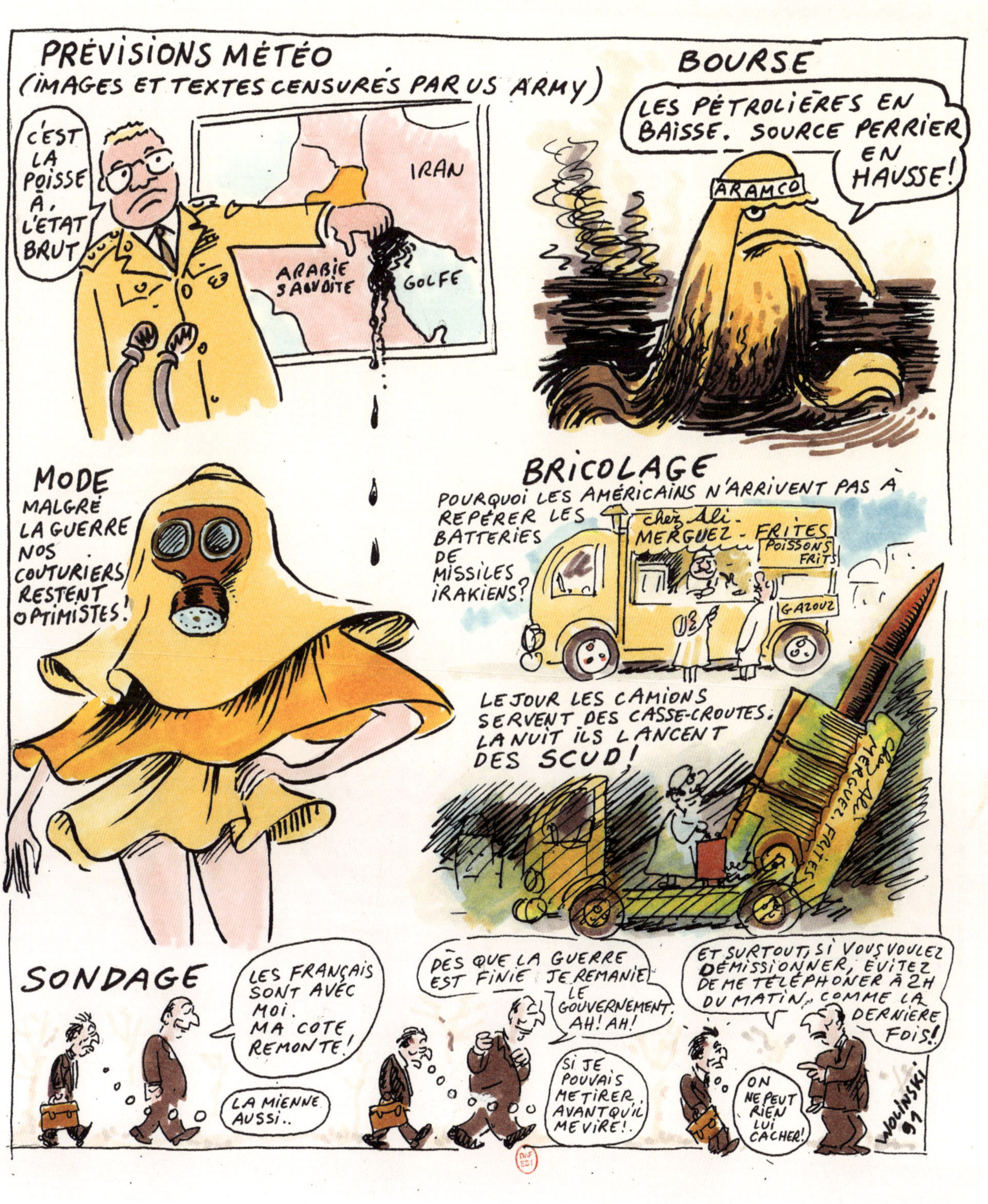

▲ **1991** *Paris Match*

Libération

GORBATCHEV ENTROUVRE LE GOULAG

Quarante-deux detenus politiques liberes au cours des derniers jours : c'est la plus importante mesure de clemence a l'egard des opposants depuis Khrouchtchev et la destalinisation. Une operation spectaculaire qui confirme que Gorbatchev tient bien les renes du parti. Lire page 14.

HAVAS ET HACHETTE RENONCENT AU RACHAT DE LA CHAINE

TF1 : LA MARIEE EST TROP CHERE

L'agence Havas a renoncé hier, en accord avec son partenaire Hachette, à sa candidature pour le rachat de TF1. Après avoir refait tous leurs calculs, les deux groupes en sont arrivés à la conclusion que le prix demandé par le ministre de l'Economie et des Finances ne permet pas de rentabiliser la chaîne avant la fin des dix années d'autorisation fixées par la loi votée en automne. Ce désistement met en péril les projets de privatisation du gouvernement. Lire page 2.

LIBÉRATION SE MET AU BLEU

Aujourd'hui le Club Méditerranée débute une nouvelle campagne publicitaire. Il a, sur une idée de l'agence RSCG, enveloppé l'information de bleu. Après trois mois de préparation, avec soixante-dix tonnes de papier spécialement fabriqué, le Club Med vous en fait voir de « tous les bonheurs »... En une seule couleur.

LES COURANTS DU PS À L'UNISSON

Une nuit blanche et beaucoup de périphrases : les courants du Parti socialiste sont parvenus à la synthèse avant leur congrès de Lille. Mitterrandistes et rocardiens sont satisfaits, estimant avoir bien travaillé pour leurs champions. Lire p 4.

FRANCE-GALLES : TROP DE CHANDELLES PEU DE LUMIÈRE

En battant les Gallois par 16 à 9, les Français ont ouvert le bal du Tournoi des cinq nations. Cette victoire essentiellement due à la vitalité des trois-quarts n'a pas masqué une panne générale d'imagination. Lire page 38.

LES MAUVAISES TRACES DU SKI FRANÇAIS

Les Français rentrent bredouilles des championnats du monde de Crans-Montana. Loin d'accabler les entraîneurs, deux économistes sont allés chercher les raisons sociales de cette crise. Entretien. Lire page 35.

M 0135 - 0209 0- 5,00 F

▲ **1987** *Libération*
n°1780 du 9 février

Libération

MITTERRAND PRESIDENT JUSQU'AU BOUT

Interrogé par Yves Mourousi sur TF1, François Mitterrand, pour le dernier 14 juillet de son septennat, n'a pas levé le mystère sur son éventuelle candidature, indiquant qu'il resterait président de la République « jusqu'à la dernière minute ». Il a décoché quelques flèches ironiques au gouvernement. Si le président-arbitre a envie de devenir président-candidat, ses réflexes sont toujours bons. Lire page 2

LE CONSUL DE FRANCE ACCUSÉ D'ESPIONNAGE PAR TEHERAN

FRANCE-IRAN: HAUTE TENSION

Le procureur de la révolution islamique à Téhéran accuse le consul de France Jean-Paul Torri « d'espionnage, d'assistance à des contre-révolutionnaires, de participation à un trafic de stupéfiants, d'antiquités et de devises ».

Le Quai d'Orsay a aussitôt démenti ces accusations, visant « à créer artificiellement un pendant au cas de M. Gordji à Paris ».

Ainsi, Téhéran paraît décidé à jouer la tension, alors que Mitterrand a rappelé que Vahid Gordji, toujours réfugié dans son ambassade à Paris, doit se présenter devant la justice française. Et que de nouvelles précisions sur les relations de Gordji avec la DST accentuent le trouble sur le véritable rôle de ce dernier.

Lire page 36.

LA PISCINE DELIGNY A VENDRE

Le dernier établissement de bains flottant de la capitale, où les Parisiens allaient surtout se faire bronzer, coûte trop cher à entretenir: il est à vendre pour 3 millions de francs. Lire page 5.

BOAT PEOPLE POUR LA FRANCE

Recueillis par une frégate de la Royale affrêtée par Médecin du monde, 225 réfugiés vietnamiens ont quitté les Philippines. Ils arriveront à Rouen vers le 23 juillet. Lire page 8.

PRISONS : SUR UN TOIT BRULANT

300 détenus de Fleury-Mérogis ont refusé hier de regagner leurs cellules. Les policiers ont chargé et une vingtaine de prisonniers se sont réfugiés sur le toit pendant plusieurs heures. Lire page 14.

TOUR : LES AIGLES FONT LA ROUE

Dag Otto Lauritzen est arrivé en tête au sommet de Luz-Ardiden, suivi de près par Lucho Herrera. En deux étapes de montagne, les grimpeurs ont escaladé le classement général. Lire page 27.

ACTEURS SANS MASQUES

Qui sont les comédiens et comment vivent-ils quand ils sont sortis du théâtre ? « Libération » leur a posé toutes les questions qui brûlent les lèvres. Premières réponses en page 18.

M 0135 - 0714 0- 5,00 F

▲ **1987** *Libération*
n°1913 du 15 juillet

1987 *Le Nouvel Observateur*
n°1166 de mars ▼

1984 *Le Petit Psikopat illustré* n°8 de mars ▼

▲ **2005** *Charlie Hebdo*
n°702 du 30 novembre

▲ **2000** *Charlie Hebdo*
n°445 du 27 décembre

1992

Wolinski fait partie de la nouvelle équipe de *Charlie Hebdo.*

2003 *Charlie Hebdo*
n°582 du 13 août ▼

2005 *Charlie Hebdo*
n°675 du 25 mai ▼

2005

Wolinski reçoit le Grand Prix de la 32e édition du Festival international de la bande dessinée d'Angoulême et en réalise l'affiche l'année suivante.

FESTIVAL DE COUCHERS DE SOLEIL
3000F
5000F
NOTABLES

IL FAUT SAVOIR DURER, MAIS IL NE FAUT PAS S'ÉTERNISER.

▲ **2006** *Charlie Hebdo*
n°733 du 5 juillet

2008 *Charlie Hebdo*
n°846 du 3 septembre ▶

2011

En novembre, Wolinski mène l'enquête après l'incendie des locaux de *Charlie Hebdo*.

▲ **2011** *Charlie Hebdo*
n°1012 du 9 novembre

2011 *Charlie Hebdo*
n°1015 du 30 novembre ▶

2012

Wolinski se rend en reportage à Tunis pour *Charlie Hebdo*.

2012 *Charlie Hebdo* n°1051 du 8 août ▼

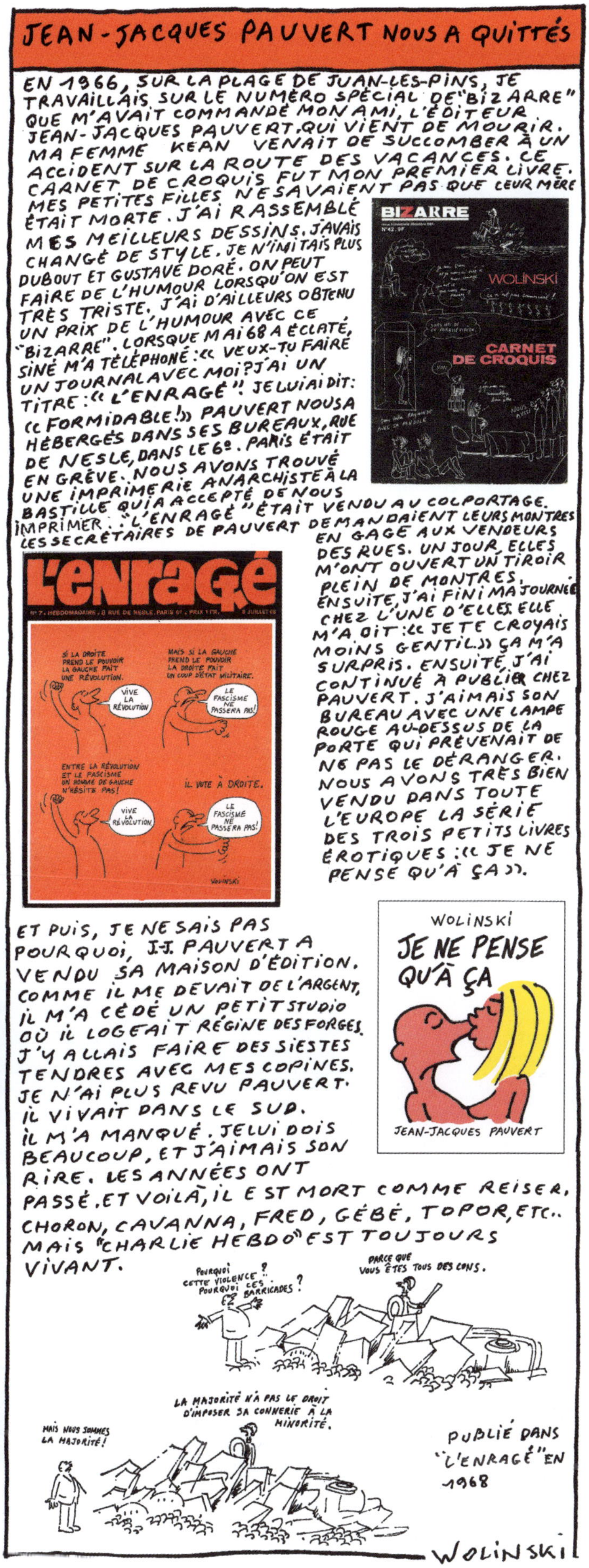

2014

Wolinski fête ses 80 ans et évoque la disparition de l'éditeur Jean-Jacques Pauvert.

◂ **2014** *Charlie Hebdo*
n°1166 du 22 octobre

J'AI ENVIE DE BAISER

LE COURAGE
LE COURAGE, C'EST DE RECONNAÎTRE SES ERREURS. LE COURAGE, C'EST D'AVOUER SON INCOMPÉTENCE. LE COURAGE, C'EST DE FAIRE CE QU'IL NE FAUT PAS FAIRE, ET DE NE PAS FAIRE CE QU'IL FAUT FAIRE. LE COURAGE, C'EST D'ASSUMER SA FAIBLESSE.
LE COURAGE, C'EST DE FAIRE CONFIANCE À CEUX QUI VOUS TROMPENT, VOUS VOLENT, VOUS MENTENT, LE COURAGE, C'EST D'ÊTRE SOUMIS À DES RÈGLES INJUSTES. LE COURAGE, C'EST D'ASSUMER SA CONNERIE, LE COURAGE, C'EST DE SE LAISSER ALLER.
LE COURAGE, C'EST D'ACCEPTER L'INJUSTICE DE SON SORT. LE COURAGE, C'EST DE NE PAS PENSER, PAS RÉFLÉCHIR, PAS ESSAYER D'ÊTRE MEILLEUR. LE COURAGE, C'EST D'ACCEPTER DE VIVRE AU JOUR LE JOUR, SANS RIEN ATTENDRE DU LENDEMAIN. LE COURAGE, C'EST DE NE CROIRE EN RIEN, DE S'ABSTENIR DE VOTER, LE COURAGE, C'EST DE VIVRE SANS TENDRESSE, SANS PASSION, SANS HISTOIRE, SANS AMOUR, SANS LENDEMAIN, SANS PLAISIR...
BAISE-MOI, CONNARD !
ON NE PEUT JAMAIS AVOIR UNE CONVERSATION SÉRIEUSE AVEC TOI !..
WOLINSKI

SIMON FIESCHI

Une semaine avant que ce livre ne parte à l'impression, *Charlie Hebdo* était informé d'une terrible nouvelle : Simon Fieschi venait d'être retrouvé sans vie. Deux jours après que Peter Cherif, condamné pour avoir fomenté l'attentat du 7 janvier 2015 contre *Charlie Hebdo*, rende publique sa décision de ne pas faire appel, Simon nous quittait. À l'heure où sont écrites ces lignes, la justice enquête encore pour connaître les causes de son décès.

1983

Simon Fieschi naît à Paris le 3 novembre

2007

Historien de formation, il rédige un mémoire de maîtrise à l'Université Paris-Sorbonne : « Les gendarmes en Corse, 1927-1934. De la création d'une compagnie autonome aux derniers "bandits d'honneur" »

2008

Sa thèse est récompensée par le Prix littéraire de la gendarmerie et sera publiée en 2012

2012

Devient le webmaster de *Charlie Hebdo*

7 JANVIER 2015

Est grièvement blessé lors des attentats à *Charlie Hebdo.* Il passe une semaine dans le coma et suit plusieurs mois de rééducation à l'hôpital

2018

Rejoint l'équipe de l'association Dessinez Créez Liberté et fait de nombreuses interventions dans les classes

SEPTEMBRE 2020

Témoigne au procès des attentats de janvier 2015

SEPTEMBRE 2024

Témoigne au procès de Peter Cherif

OCTOBRE 2024

Décès de Simon

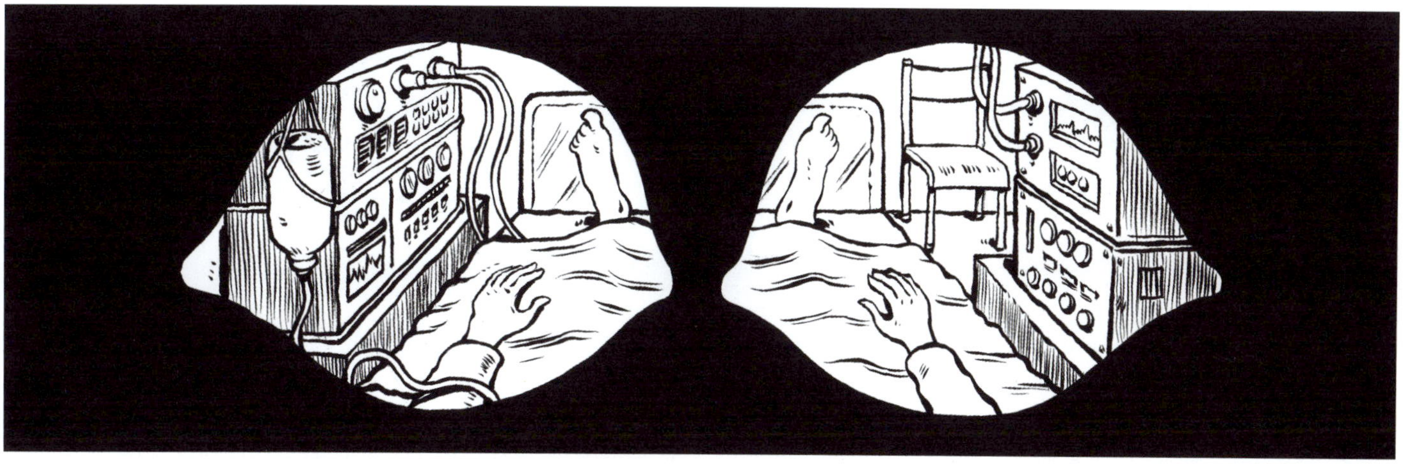

SE RÉVEILLER DANS UN SARCOPHAGE EN JANVIER 2015

Simon fut le premier sur lequel les Kouachi tirèrent en pénétrant dans nos locaux le 7 janvier 2015. Il fut très grièvement blessé. Dans le numéro 1474, du 21 octobre 2020, il racontait son réveil et son lent retour parmi les vivants.

J'émerge du coma, progressivement, le 14 janvier. C'est ma mère qui m'annonce ce qui s'est passé, qui est mort, vivant ou blessé. J'apprends en même temps Montrouge, l'Hyper Cacher, la manif du 11 janvier, le « numéro des survivants ». Tout se mélange et rien ne semble réel.

Au début, mon état est un mystère pour moi. Il va me falloir des jours pour comprendre que j'ai pris une balle et mesurer la gravité de ma situation. Je ne peux ni bouger ni parler, juste cligner de l'œil pour communiquer. J'ai des tuyaux à travers tout le corps, une machine qui respire pour moi. Je sue des litres, j'étouffe et je grelotte, le tube dans ma gorge est affreusement invasif, j'ai l'impression de me noyer dans ma propre bave. On teste mon corps : piqûre, froid, caresse. Je dois cligner si je sens quelque chose. Rien, des orteils aux tétons. Les médecins se taisent, mais leur gueule parle pour eux. L'impuissance se mêle à l'humiliation quand je me rends compte que je ne peux plus me torcher seul. Sentiment de déchéance absolue. Le réveil a tout d'une situation cauchemardesque, seulement, un cauchemar qui continue, ce n'est plus un cauchemar, c'est la réalité. La seule chose réelle dans tout ça, c'est mon corps dont je suis prisonnier. Et la douleur.

Je dis la douleur, mais il faudrait parler des douleurs, au pluriel, car elles sont nombreuses et varient de nature, d'intensité ou de durée. Elles se mélangent, se succèdent, se complètent et composent un supplice continu que les soignants font de leur mieux pour apaiser, mais ne peuvent faire disparaître. J'ai découvert la sensation d'un os brisé, d'une chair blessée, d'un nerf qui crie. La douleur d'être mal installé, qui commence comme un léger inconfort et qui devient insupportable au bout de quelques heures. Celle des nuits, quand l'infirmière ne pourra pas me donner de morphine avant une éternité. Parfois, c'est un point précis qui fait mal, parfois la douleur est si diffuse que je suis incapable de dire d'où elle vient. On n'en connaît pas toujours la cause. Pendant des semaines, mon bras m'en a bien fait voir sans qu'on sache pourquoi. Sensation de brûlure, d'aiguilles insérées sous les ongles, de décharges électriques, qui se déclenchaient au moindre contact, au moindre frôlement d'un drap. Mais aussi la souffrance âcre et aiguë de peser de tout mon poids sur ma blessure quand on me tourne du mauvais côté pour un soin. Bien souvent, j'aurais bondi si j'avais pu faire le plus infime mouvement, j'aurais hurlé si je n'avais pas été intubé. Des détails comme ça, ça change une journée. Je ne pouvais pas me soustraire à la douleur. Elle était d'une telle intensité que je serais mort pour que ça s'arrête.

J'ai beaucoup réfléchi dans ce lit et j'ai compris que mourir était ma seule solution. Mais comment ? Impossible de me suicider, paralysé sur un lit de réanimation et sous surveillance médicale constante. Être forcé à vivre me paraissait une intolérable négation de ma liberté. J'en ai conclu que pour récupérer cette liberté je devais attendre mon heure, observer et aller mieux pour avoir enfin l'occasion de me tuer.

Pendant plus d'une semaine, je n'ai eu qu'un pied dans le

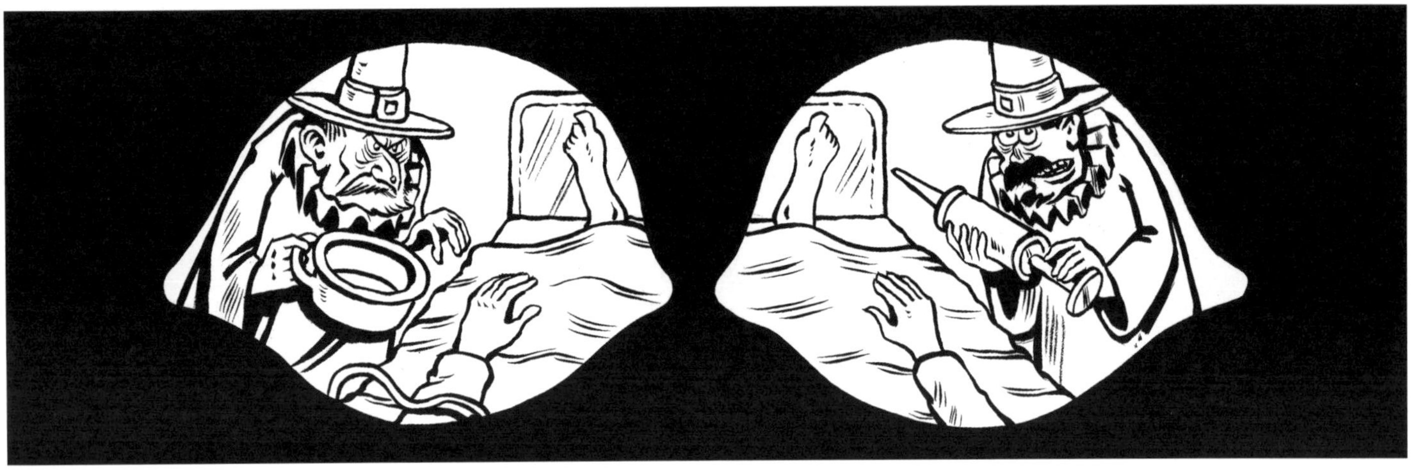

royaume des vivants. Quand j'apprends que nous avons été attaqués par al-Qaida, que tout le monde est mort, que les cloches de Notre-Dame ont sonné pour Charb, Cabu et les autres, que notre petit *Charlie* a rassemblé 4 millions de personnes dans la rue et réalisé la plus grande vente de l'histoire de la presse française, ça devient difficile de distinguer entre la réalité et les hallucinations.

La réanimation rend paranoïaque. Par exemple, j'étais persuadé que je puais horriblement et que personne n'arrivait à m'approcher sans vomir ou s'évanouir, ou que j'étais un cobaye gardé en vie pour des expériences épouvantables. J'ai cru qu'on me torturait pour le plaisir. J'ai eu des visions de poilus tellement mutilés que c'était absurde et de crimes terribles en dessin animé ou en jeu vidéo. J'ai partagé ma chambre avec des esprits bien plus réels pour moi que les médecins qui s'affairaient autour de mon lit. Paradoxalement, alors que je cherchais à mourir, j'étais terrifié par une infirmière qui rôdait dans le service pour me tuer avec une injection. Dès que j'ai réalisé qu'elle était ma meilleure chance d'en finir, je l'ai attendue, et bien sûr à partir de ce moment-là elle a cessé de m'apparaître. Encore aujourd'hui, elle est pour moi l'image de l'Ange de la Mort, et c'est une image amie.

Au début, les visions étaient atroces, mais petit à petit, j'en ai eu d'autres, intéressantes, voire merveilleuses. J'ai eu un concert des Pink Floyd et un autre de James Brown pour moi tout seul, de toute splendeur, sauf que mon James Brown à moi était dessiné en noir et blanc par Gotlib. J'ai vu des soignants pratiquer devant moi des orgies admirables d'inventivité et de salacité. Ils auraient eu tort de se gêner, j'avais la plus grande chambre du service et ils étaient assurés de mon silence, vu que j'étais intubé. Je me suis bien rincé l'œil, et ne les ai jamais dénoncés, jusqu'à aujourd'hui.

L'impossibilité de communiquer était particulièrement frustrante. J'ai été convaincu plusieurs jours qu'un interne m'avait secrètement connecté à Internet via la sonde nasale avec laquelle on me nourrissait. J'étais très impressionné, je ne savais pas que c'était possible. On s'échangeait des messages, il pouvait voir ce que je voyais et entendre ce que j'entendais. J'ai eu un lien très fort avec lui sans qu'il le sache. On a discuté d'histoire, de philo, de femmes, de finance, de mon état… Ça s'est arrêté net le jour où il a pratiqué sur moi un toucher rectal. Là, j'ai trouvé qu'il allait un peu loin, et la connexion ne s'est jamais rétablie.

A posteriori, ces visions me paraissent étranges, mais la morphine et les autres drogues propulsent dans un monde parallèle, merveilleux ou terrifiant. J'ai aussi compris que le cerveau cherche à donner un sens au chaos et remplit les trous dans le récit comme il peut.

Il y a eu un moment où j'ai vraiment cru que j'allais mourir. J'ai vu tous mes ancêtres défiler, des pirates de Saint-Malo, des Juifs polonais et des Corses taciturnes qui me maudissaient de mettre fin à leur lignée car je n'avais pas eu d'enfant. J'ai senti la partie la plus reptilienne de mon être qui me disait : *« Tu n'as*

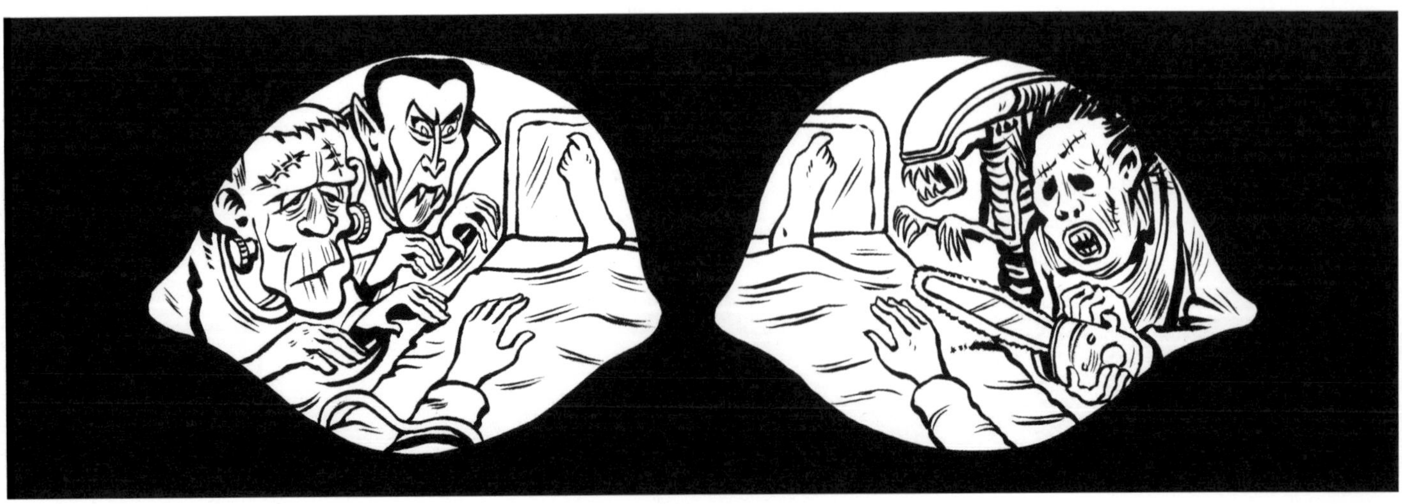

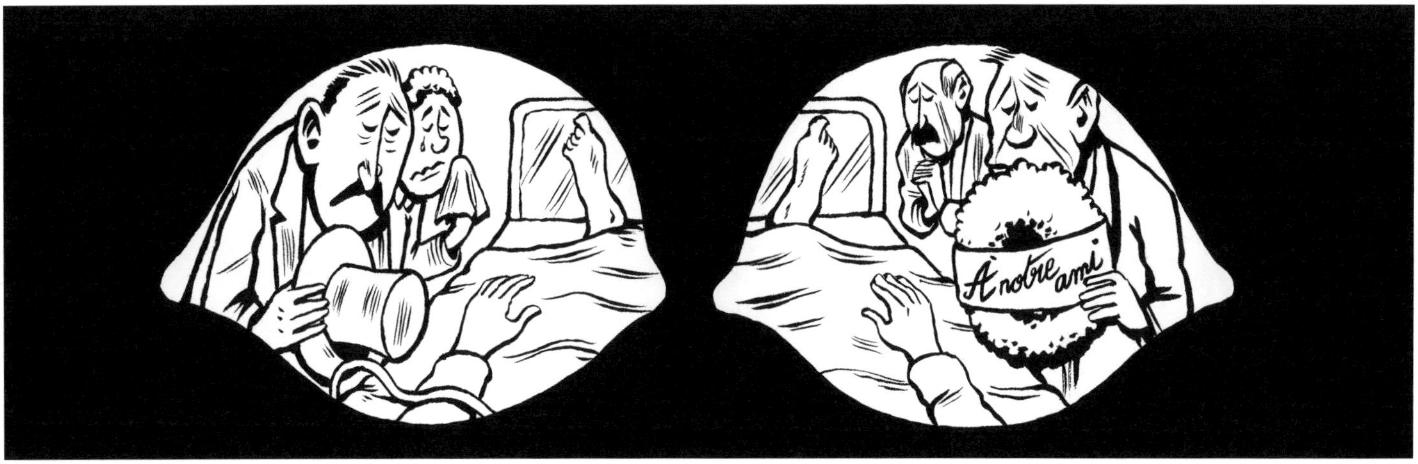

pas transmis tes gènes, ton existence n'a servi à rien. » Malgré mon désir conscient d'arrêter de vivre, je me souviendrai toujours de ma réaction animale, instinctive, de me cabrer de tout mon être contre la mort.

Puisque je n'avais pas pu ou pas voulu mourir, il a fallu que je me remette à vivre. Peu ont osé me demander ce qu'on ressent dans un tel moment, ce qu'on espère dans une telle situation. Je n'ai pas eu d'espoir, je ne pouvais pas me permettre ce luxe. Est-ce que je pourrais un jour remarcher, respirer sans l'aide d'une machine, pisser sans tuyau dans la bite, avoir moins mal ? Je n'en avais aucune idée et la question ne se posait pas en ces termes pour moi. Le désespoir, ce n'est pas le malheur, c'est l'absence d'espoir, c'est de n'avoir aucune attente particulière, bonne ou mauvaise. Mon désespoir m'a aidé car je n'avais rien à perdre, il m'a libéré. Je n'avais aucune idée de ce que je pouvais récupérer, ni si ça dépendait de moi, de la chance ou de quoi que ce soit d'autre. Mes camarades de *Charlie* se battaient dehors pour le journal et j'aurais tout donné pour être avec eux, mais sur ce lit, mon champ de bataille c'était moi-même. Alors je me suis battu de toutes mes forces, sans savoir si ça servait à quoi que ce soit. C'est la seule fois de ma vie que j'ai fait quelque chose de manière aussi éperdue. Je me répétais en boucle ces deux phrases, *« je ne veux pas qu'ils gagnent »* et *« ils m'ont pas eu »,* « ils » pour ceux qui nous avaient fait ça.

Avec le corps si abîmé et le cerveau qui moulinait dans le vide, j'ai su que je devais commencer par un travail mental. Les psys ne pouvaient rien pour moi et j'étais incapable de parler, donc j'ai arrêté de les voir. Je ne pouvais pas lire, je me concentrais difficilement, ma mémoire flanchait. Je n'avais pas de colère ou de haine mais des accès de peur, de tristesse ou de découragement à cause de la douleur. On m'a enseigné une technique de méditation, le scan corporel, qui consiste à se représenter et ressentir chaque partie de son corps, sans se demander si ça va bien ou mal, juste de la prendre telle qu'elle est. Ça permet d'arrêter de se battre contre son corps, de se le réapproprier petit à petit et surtout d'occuper sa tête à quelque chose. Au fur et à mesure, j'ai appris d'autres techniques, contre la douleur, pour respirer ou tenter de faire le calme en soi quand les pensées partent en vrille. Il fallait aussi que j'arrête de me dire *« bouge ta jambe »* toute la journée alors que ça ne bougeait pas, c'était trop déprimant. Alors je me suis mis à faire les mouvements de marche dans ma tête. Immobile sur mon lit, j'ai fait des kilomètres et des kilomètres, jusqu'à l'épuisement. Car bizarrement, ça fatigue aussi. J'ai fait tout cela comme de la musculation mentale, et ça a été le début de ma rééducation.

Un de mes médecins, très croyant, m'a dit, dans un jour difficile, que j'étais un *« martyr »*. Et quand j'ai remarché, il m'a dit que j'étais un *« miraculé »*. Ce n'est pas faux, mais ça m'a cueilli. J'ai appris à vivre avec ce que j'ai perdu et avec ce qu'il me reste. C'est l'année la plus difficile de ma vie, et pourtant j'ai une étrange nostalgie de 2015 car c'est là où j'ai été le plus vivant, où j'ai ressenti le plus fort l'euphorie d'être vivant.

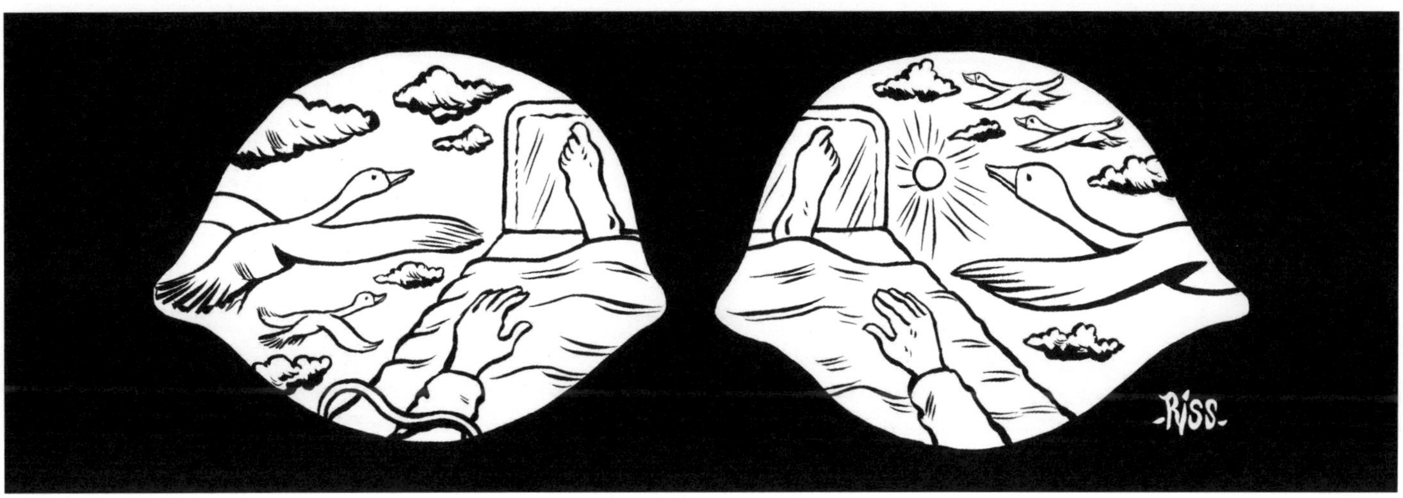

Je me souviens de lui ET DES INVALIDES

La première fois que j'ai vu Jean Le Guilloux, il est entré dans ma chambre d'un pas vif et a presque crié : *« Jean Le Guilloux, colonel. »* Je ne savais pas très bien ce qui se passait, car je n'avais pas toute ma tête. Ni toutes mes jambes. J'étais à l'hôpital militaire des Invalides, et Simon reposait dans la chambre d'à côté. Le Guilloux, grand médecin, était pessimiste, lui qui avait vu défiler tant de dramatiques blessés de toutes les armées. Il n'était pas le seul : tous les spécialistes pensaient que Simon ne marcherait plus jamais, car la balle des Kouachi avait atteint sa moelle épinière. Putain que j'étais triste. Lui, si jeune, fauché, et son corps condamné.

Dans les premiers temps, nous descendions en fauteuil roulant, gardés par des policiers surarmés, fusil-mitrailleur au poing. Dans l'enceinte d'un hôpital militaire. Nous descendions pour des soins de kiné, dans cette immense salle magnifique où cliquetaient les jambes artificielles en titane. Je me retenais de pleurer quand je voyais Simon si mal en point.

Et puis les jours ont passé. Dans la chambre d'à côté, Simon recevait Maisie, son amie australienne, comme s'il était chez lui. Et c'était chez lui. Je ne sais toujours pas comment il a réussi à braver les fermes règlements des Invalides. Je crois que personne n'osait le rappeler à l'ordre militaire. Autour de son lit, peu à peu, on trouva tout ce qui peut rendre la vie moins insupportable.

Des livres, bien sûr. Des douceurs, des bonbons, du chocolat. À manger. Tout ce qui était bon à manger. À boire, même et surtout s'il s'agissait d'alcool. Des coussins. Des sièges. Des photos. Une table poussée contre le mur où s'entassaient monts et merveilles. Des affiches, je crois bien. Il était couché, et parvenait à faire rire Maisie. Et moi ? Et moi. Je regardais sa petite tête d'enfant, de cette enfance qu'il ne parvenait pas à quitter, et je le croyais foutu à jamais.

Quand les Kouachi sont parvenus à entrer dans notre monde, rue Nicolas-Appert, c'est lui qui a pris la première de cette si longue série de balles. Avant, j'aimais m'arrêter dans la petite entrée où il s'affairait, derrière son ordinateur. Cela durait cinq ou dix minutes, où l'on parlait de tout. De sa vie, de ses projets, de ses voyages. Moins des miens. Il avait du charme, il avait de l'humour, on riait. Quand nous avons fêté le 25e anniversaire du second départ de *Charlie* (1992-2017), nous picolâmes bien beaucoup. Je regarde en ce moment une photo prise ce soir-là. Nous y sommes tous les deux, croisant nos béquilles comme on croise le fer, comme on mélange son amitié. Nous sommes hilares. Nous avions vraiment picolé.

Je ne sais plus le jour où l'on a su qu'il marcherait. Probablement parce que ce n'était pas un jour, mais un défilé de petites nouvelles de plus en plus merveilleuses. Ce fut en tout cas une joie profonde, intense, comme si la mort du 7 janvier avait dû battre en retraite devant son jeune corps retrouvé. Mais il ne retrouva pas son corps. Il souffrit. Il souffrait, sa moelle épinière ne le laisserait jamais tranquille.

Je ne l'ai pas beaucoup vu ces dernières années. Je ne pouvais pas. Certaines visions me sont interdites, et je ne pouvais regarder Simon dans les yeux sans tout ressentir à nouveau. Tout. L'entrée des tueurs, la boucherie. Je ne pouvais pas, mon Simon. Puis, je savais trop que rien ne pourrait s'effacer vraiment. Tu en avais trop vu. Je ne me doutais pas que tu mourrais si vite, mon jeune et vieil ami. Je ne suis pas devin. Mais j'ai toujours senti à ton contact cette odeur que je connais bien. Celle du malheur. Celle du désespoir. La tristesse n'est encore rien.

FABRICE NICOLINO

Simon Fieschi à la barre, le 9 septembre 2020, lors du procès des attentats de janvier 2015 : *« Je suis venu avec l'intention de témoigner de ce que font les armes de guerre. »*

Simon PARALLÈLEMENT

Simon est entré dans ma vie à l'occasion de notre renaissance commune aux Invalides. Il nous a vite baptisés « frères de sang » : nés de nouveau dans et par le sang versé, le nôtre et celui de nos amis. L'image peut paraître emphatique, et même religieuse, ce qui à *Charlie* serait un comble. Dans son esprit, c'était un constat. Il le faisait d'un ton doux et sec, naturellement stylisé, celui du désespoir amusé et de la tendresse contenue. Simon ? Un cœur blessé et battant, monté sur ergots. Et un esprit qui a raison : il nous a été simplement et curieusement donné de devenir ensemble des « born again » d'un genre un peu particulier, lui à 31 ans, moi à 51. Mais nous n'avions plus d'âge, ou bien nous les avions tous en même temps, la légèreté des uns compensant le poids des autres, et cela, nous l'avons vite senti et compris.

À *Charlie*, où j'allais une fois par semaine, je n'avais fait que le croiser, petite silhouette amusée, discrète et silencieuse. La rencontre a lieu au printemps 2015. Je viens de passer trois mois à la Salpêtrière, « dans le dur », et je vais maintenant effectuer ma rééducation aux Invalides pour un temps indéterminé. On m'a installé dans une jolie petite chambre avec fenêtre à croisillons et vue imprenable sur la coupole dorée. On me dit que Simon est dans celle d'à côté. Un ami commun, un collègue, est venu nous rendre visite. Jusqu'ici, je n'avais pas osé faire toc, toc : entre bonshommes en chambre, on se fiche la paix. Grâce au visiteur, je passe de la mienne à la sienne. Dans le couloir, il n'y a pas de fauteuils, mais il y a ces multiples ombres particulières et protectrices, nos policiers : les siens, les miens.

Simon est ici depuis quelque temps. Il ne peut pas encore marcher ni être autonome, mais il peut de nouveau parler, manger, bouger suffisamment bras et mains pour profiter de ce qu'un excellent traiteur lui a ce jour-là livré : ma première vision est celle d'un petit prince terriblement handicapé et terriblement drôle, bien décidé à profiter de ce que les frères Kouachi lui ont laissé de vie. Revenu d'entre les morts, certes, mais avec un verre de vin. Cette vision renvoie à une autre, plus tard : la fête de son mariage à l'été 2015 avec l'admirable Maisie, jeune femme tonique et stoïque, au regard clair, qui affronte la situation avec un flegme sensible. Chez nous, tout ce qu'il y a de colère semble alors transformé par la volonté d'en rire et de ne pas en rajouter. La fête est à la Cartoucherie de Vincennes. Simon peut marcher, maintenant, mais il fatigue vite. Un grand lit a été préparé au cœur de la fête, un lit de roi pas du tout fainéant. Il s'allonge, Maisie le rejoint régulièrement. Les amis viennent tenir compagnie, un peu beaucoup, pas du tout lorsqu'ils sentent que la lassitude du marié l'emporte sur les joies de l'amitié. La vie est un songe, un théâtre. Simon est le petit prince empêché, mais parvenu, à force d'obstination, à défier l'empêchement. Je comprends qu'à travers l'adversité il construit et tient son rôle. Ce rôle, il faut peut-être avoir vécu les événements comme lui, avec lui, pour en sentir la profondeur. On devient le personnage de sa condition pour être capable de la porter et de la supporter. Les mois d'hôpital partagés ont été d'une telle intensité physique, affective, pour employer un grand mot, existentielle, qu'il nous arrivait encore aujourd'hui, malgré le chemin de croix et les coups de mou, de les regretter : nous avons dans cette lutte tenté de donner le meilleur de nous-mêmes, et nous l'avons fait parallèlement. Simon a encore raison : cette épopée intime a fait de notre amitié naissante une fraternité.

J'ai tout de suite été marqué, séduit, par sa petite voix flûtée, à la fois douce et pointue, où passait comme à travers un fin tuyau de cristal tant d'acuité, de fermeté, d'ironie noire et de féminité. Corse et juif, c'est un sacré mélange, insulaire et ventilé, isolé et ouvert, doué d'orgueil et du sens de l'absurde. Ce mélange a trouvé en Simon un excellent spécimen, une sorte de concentré. Dans sa chambre, ce premier jour, il me propose de partager ses mets. Ma bouche en reconstruction ne me le permet pas. Je ne sais plus lequel des deux dit que nous sommes des éclopés complémentaires : moi, je ne peux ni manger ni trop parler et j'ai un tuyau dans le ventre ; lui, il ne peut ni marcher ni aller aux toilettes. Un sourire passe d'une tête à l'autre et nous nous disons, soudain, que nous pourrions échanger nos handicaps, comme ça, juste pour voir. À partir de là, pendant plusieurs mois, nous sommes des jumeaux en chantier, au berceau, dans ce berceau ensoleillé et napoléonien devenu le cadre de notre nouveau destin. Nous nous croisons au foyer, au gymnase, dans les couloirs. Parfois je l'amène en fauteuil dans les jardins. À travers nos emplois du temps de ministres de la reconstruction, la nôtre, nous ne refaisons pas le monde : nous refaisons notre présence au monde.

Simon, dans une vidéo, démontrant que même avec des mains estropiées il pouvait encore faire des doigts d'honneur

Quelques mois plus tard, nous sortons de l'hôpital, en ordre à peine dispersé. Il se trouve que nos pénates sont à quelques centaines de mètres les unes des autres : on se voit beaucoup. Comme il marche difficilement, c'est moi qui vais chez lui. Son masseur, le chaleureux Paul, devient le mien. Les séances ont lieu chez Simon. J'arrive quand la sienne est finie, accueilli par ses deux chats noirs et jumeaux, Dupont et Dupond. Maisie passe en coup de vent, nous laisse à nos échanges d'anciens et nouveaux combattants. Ensuite, nous discutons, buvons un verre ou déjeunons ou dînons, suivant l'heure. Souvent, il m'invite au débotté. Nous écoutons aussi de la musique. Sa discothèque de vinyles est bien remplie, en particulier par les disques de jazz de son père. Il me fait écouter l'un de ses « rosebuds », un enregistrement de Bach par la professeure de piano de son grand-père. Un jour, il me le prête. J'ai l'impression d'emporter chez moi un secret.

Nos vies privées se développent aussi parallèlement, comme si nos « retours à Ithaque » étaient faits de vases communicants, mais, comme c'est privé, je n'en parlerai pas. Nous aimons parallèlement. Nous déménageons parallèlement. Nous avons des projets parallèlement. Nous montons nos dossiers administratifs parallèlement. Nous voyons nos soignants parallèlement. Nous souffrons ou nous souffrons moins parallèlement. C'est chez lui qu'après la pose de ma première prothèse dentaire je débarque : il a prévu des hamburgers de qualité. Je n'en avais pas mangé depuis 2014. Comment faire ? J'attaque, en bavant. Dans la bouche, ça explose : la prothèse se règle. Je dis à Simon que j'ai l'impression d'avoir des pétards dans la bouche. *« C'est la fête »*, me répond-il. Et il apporte une bouteille de vin. Mais il ne parvient pas à la déboucher. Je le fais.

Un mail, au hasard : *« J'ai commandé à manger ce midi dans un resto grec, où tout est délicieux. Comme j'avais faim à ce moment-là, j'ai légèrement surestimé mes capacités stomacales, si bien que si ça t'intéresse, je peux te donner du tarama, du caviar d'aubergine, du tzatziki et un machin aux poivrons dont le nom m'échappe. Ou alors on se le partage pour l'apéro, vers 18 heures ? En tout cas, c'est beau, c'est bon, c'est mou et c'est pour toi. »* Je relis aujourd'hui ses mails, ses textos : son humour, sa concision et sa tendresse sont toujours là. C'est un frère qui m'écrit, un frère survivant et bon vivant. Simon voit beaucoup de monde. Si un homme ça s'empêche, comme disait Camus, un homme blessé ça s'oblige, dans tous les sens du verbe. Simon a une famille d'artistes, explosive et sentimentale. Il a des parrains d'exception, des amis sûrs. Il multiplie les sorties, les voyages, de même qu'il assistera chaque jour, de bout en bout, aux procès liés aux attentats. Ce que cela lui coûte d'énergie, nul ne peut l'imaginer. Après un voyage en Australie, en 2017, pays de sa femme, Maisie, sa belle-mère lui dit qu'il est *« héroïquement sociable »*. Commentaire : *« J'aime bien les compliments quand ils sont mérités. »*

Entre nous, il est souvent question de fatigue, de douleur. Ce sont des états que nous vivons parallèlement, mais, avec le temps, ces parallèles le sont moins, de même que les trajectoires des balles qui nous ont touchés ne l'étaient pas. Chez moi, les douleurs s'espacent et s'amenuisent. Chez lui, elles persistent. Une retraite de méditation, dans un silence presque complet, lui fait comprendre la différence *« entre douleur et souffrance, un sujet que je croyais pourtant connaître »*. J'ai l'impression de dire au revoir à la souffrance. La fatigue que nous partagions et qui, plus qu'un état, est une condition, je la ressens moins avec le temps. Lui, toujours autant, voire davantage. Je n'assiste pas aux procès. Il les suit avec sa méticulosité habituelle. Je ne regarde pas les images du massacre. Lui, si. Je m'éloigne de l'ombre de ma mort. Celle-ci, pourtant, me rend visite à l'été 2023, une visite simple mais bien réelle. Je suis dans un hôpital du nord de l'Allemagne. Cette fois, Simon n'est pas dans la chambre d'à côté, mais il est l'un des premiers à qui j'écris. Il me répond qu'il est prêt à prendre l'avion le jour même, pour m'apporter *« des bonnes choses à manger »*, me *« faire la lecture »*. Si j'avais dit oui, je sais qu'il serait venu. Son texto débute ainsi : *« Philippe, mon Philippe, mon frère. C'est peu dire que je pense à toi. Que je suis avec toi de tout mon être. Merci, merci d'avoir survécu ! »* Je ne remercie pas Simon de ne pas avoir survécu.

PHILIPPE LANÇON

L'éditeur remercie l'intégralité des ayants droit, dessinateurs, journalistes et chroniqueurs qui ont accepté la reproduction de ces archives, afin de permettre la création de cet ouvrage inédit. Merci à Cyril Bosc, collectionneur et archiviste de presse satirique, pour le partage de ses journaux.

CRÉDITS

PRÉFACE

p.4-7 : © DR

CABU

p.8-10 : © Charlie Hebdo / V. Cabut, p.11 : bas gauche © Joël Saget / AFP, bas droit © V. Cabut / Éric Voisin, Angoulême, haut gauche © Arnaud Baumann, haut droite © Joël Saget, p.12-13 : © V. Cabut ; p.14 : © Paris Match / V. Cabut ; p.15 : © Hara-Kiri / V. Cabut ; p.16 : V. Cabut ; p.17 : © V. Cabut, © Union Pacifiste / V. Cabut, p.18 : haut gauche © Pilote n°179, du 28 mars 1963 / V. Cabut, haut droite et bas © Charlie Hebdo / V.Cabut ; p.19 : © Cabu, *Cabu, la rafle du vel d'Hiv*, éd. Tallandier, 2022 / V. Cabut ; p20-21 : © Hara-Kiri Hebdo / V. Cabut ; p.22 : © Charlie Hebdo / V. Cabut ; p.23 : © La Gueule ouverte / V. Cabut ; p.24-25 : © Charlie Hebdo / V. Cabut, photo © DR ; p.26-27 : © Charlie Hebdo / V. Cabut ; p.28 : V. Cabut ; p.29 : © *Cabu une vie de dessinateur*, Jean-Luc Porquet, Gallimard, 2018 / Le Canard enchaîné / V. Cabut ; p.30 : © La Grosse Bertha / V. Cabut ; p.31-39 : © Charlie Hebdo / V. Cabut

ELSA CAYAT

p.40-41 : Elsa Cayat, *Noël, ça fait vraiment chier !* © Les Échappés, 2015 / Dessins de Catherine Meurisse ; p.42 : haut droite © Charlie Hebdo / Alice, bas droite © Charlie Hebdo / Foolz, milieu haut : Elsa Cayat, *Noël, ça fait vraiment chier* © Les Échappés, 2015 / Dessin de Catherine Meurisse ; p.43 : bas gauche, haut gauche, haut droite © DR, bas droite : © *Je ne veux plus y aller maman*, Antonio Fischetti, 2023 ; p.44 : Elsa Cayat, *Noël, ça fait vraiment chier* © Les Échappés, 2015 / Dessin de Catherine Meurisse ; p.45 : © Riss ; p.44-45 : Elsa Cayat, *Un homme + une femme = quoi ?* © Éditions Grancher, 1998, © Éditions Payot & Rivages, Petite Bibliothèque Payot, 2016 ; p.46 : © Antonio Fischetti ; p.47 : Elsa Cayat et Antonio Fischetti, *Le désir et la putain* © Albin Michel, 2007, bas gauche © Charlie Hebdo / Vuillemin ; p.48 : Elsa Cayat, *Noël, ça fait vraiment chier* © Les Échappés, 2015 / Préface d'Alice Ferney / Dessins de Catherine Meurisse ; p.49 : © Docteur Éric Zeitoun ; p.50 : © Docteur Stéphane Romand ; p.51-52 : © Charlie Hebdo / Elsa Cayat ; p.53 : © Charlie Hebdo / Yann Diener ; p.54-55 : © Olivier Tarragano ; p.56-57 : Elsa Cayat, *La capacité d'aimer* © Éditions Payot, 2015 / Préface de François-Xavier Petit, © Charlie Hebdo / Biche, © Charlie Hebdo / Coco

CHARB

p.58-60 : © Charlie Hebdo / Charb ; p.61 : bas gauche, haut droite, bas droite : © DR, haut gauche : © Camille D. ; p.62-65 : © Charb ; p.66 : © Canicule / Charb ; p.67 : © La Grosse Bertha / Charb ; p.68-73 : Charlie Hebdo / Charb ; p.74 : © Mon Quotidien, pour les 10/13 ans, www.playbacpresse.fr / Charb ; p.75 : © Télérama / Charb, © L'Humanité / Charb, © NVO / Charb, © CCASinfos / Charb ; Planète Paix / Charb, © L'hebdo des juniors, © Cuba Si France / Charb, © Le Monde des ados / Charb ; p.76 : © Chien méchant / Charb ; p.77-89 : © Charlie Hebdo / Charb

HONORÉ

p.90-92 : © Charlie Hebdo / Honoré ; p.93 : haut gauche, bas droite : © Festival Saint-Just-le-Martel ; bas gauche, haut droite, milieu droite : © DR ; p.94-95 : © Almanach Vermot / Honoré ; p.96 : © Dessins presse / Honoré ; p.97-99 : © Honoré ; p.100 : © Hara-Kiri / Honoré ; p.101-102 : © Lire / Honoré ; p.103 : Collectif, Dessine-moi un droit de l'homme © Éditions de l'EIP, 1984 ; p.104 : haut © Le Magazine littéraire / Honoré, bas © Lire / Honoré ; p.105 : © Lire / Honoré ; p.106 : La Grosse Bertha / Honoré ; p.107 : Molière, *Le Tartuffe* © Éditions Classiques Larousse, 1992 / dessin Honoré, Molière, *Le Malade imaginaire* © Éditions Classiques Larousse, 1994 / dessin Honoré, Victor Hugo, Hernani © Éditions Classiques Larousse, 1992 / dessin Honoré ; p.108-111 : © Charlie Hebdo / Honoré ; p.112 : Antonio Fischetti, La Symphonie animale. Comment les bêtes utilisent le son © Éditions Arte/Vuibert, 2007 / illustrations Honoré ; p.113 : Will Cupy, *Comment attirer le wombat* © Éditions Wombat, 2012 / illustrations Honoré ; p.114 : haut © Le Magazine littéraire / Honoré, bas : © Les inrockuptibles / Honoré ; p.115 : © Le Petit Larousse illustré © Éditions Larousse, 2010 ; p.116 : Tango / Honoré ; p.117 : Libération / Honoré ; p.118-119 : © Charlie Hebdo / Honoré ; p.120 : Franz Bartelt, Sur mes gardes © « Petits polars » du Monde, 2014 / illustrations Honoré ; p.121 : © Charlie Hebdo / Honoré

BERNARD MARIS

p.122-124 : © Charlie Hebdo / Honoré ; p.125 : haut gauche, bas gauche, bas droite : © DR, haut droite : © Camille D. ; p.126 : © Gilles Raveaud ; p.127 : © La Grosse Bertha / Bernard Maris ; p.128 : © Charlie Hebdo / Bernard Maris ; p.129 : © Gilles Raveaud ; p.130 : Oncle Bernard et Luz, hors-série « C'est la crise finale » © Charlie Hebdo, 1999 ; p.131 : © Charlie Hebdo / Bernard Maris ; p.132 : © V. Cabut, © Cavanna ; p.133 : Bernard Maris, *L'enfant qui voulait être muet* © Éditions Albin Michel, 2013, © Foolz ; p.134 : © Charlie Hebdo / Bernard Maris, © Zorro ; p.135 : © V. Cabut, © Charb, © Honoré, © Riss ; p.136-137 : Charlie Hebdo / Bernard Maris, © Charb ; p.138 : © Gilles Raveaud ; p.139 : Bernard Maris, *Souriez, vous êtes français !* © Éditions Grasset et Fasquelle, coédition avec France Inter, 2011 ; p.140 : © Charb ; p.141-143 : © Charlie Hebdo / Bernard Maris, © Honoré

MUSTAPHA OURRAD

p.144-146 : © Riss ; p.146 : © V. Cabut ; p.147 : © DR ; p.148 : © Riss ; p.149 : © V. Cabut ; p.150 : © Charlie Hebdo / Luce Lapin, © Coco ; p.151 : © Antonin Artaud, © Arthur Rimbaud, © Foolz ; p.152 : © Charles Baudelaire, © Foolz ; p.153 : Riss, *Une minute quarante-neuf secondes* © Actes Sud / Charlie Hebdo-Les Échappés, 2019

TIGNOUS

p.154-156 : © Tignous ; p.157 : © DR ; p.158-159 : © Antirouille / Tignous ; p.160-161 : © Fluide Glacial / Tignous ; p.162 : © L'idiot international / Tignous ; p.163 : © La Grosse Bertha / Tignous ; p.164-167 : © Chalie Hebdo / Tignous ; p.168 : © Marianne / Tignous ; p.169 : Antonio Fischetti et Tignous, hors-série « Charlie saute sur les sectes » © Charlie Hebdo, 2004 ; p.170-171 : Tignous et Paganelli, *Le Procès Colonna* © Éditions Glénat, 2015 – Tous droits réservés ; p.172 : © Charlie Hebdo / Tignous ; p.173 : Tignous, *Pandas dans la brume* © Éditions Glénat, 2010 – Tous droits réservés ; 174-185 : © Charlie Hebdo / Tignous

WOLINSKI

p.186-188 : © Charlie Hebdo / Wolinski ; p.189 : haut gauche : © Hara-Kiri / Wolinski ; bas gauche, haut droite, bas droite : © Arnaud Baumann ; p.190 : © Wolinski ; p.191-192 : Hara-Kiri / Wolinski ; p.193 : © Wolinski ; p.194 : © Hara-Kiri / Wolinski ; p.195 : Georges Wolinski, *Le bonheur est un métier* © Éditions Glénat, 2016 – Tous droits réservés, © Wolinski ; p.196 : © Action / Wolinski, L'Enragé / Wolinski ; p.197 : © Charlie Hebdo / Wolinski ; p.198 : © Wolinski ; p.199 : © BNF / Le Journal du dimanche / Wolinski ; p.200-201 : © Hara-Kiri Hebdo / Wolinski ; p.202 : © Charlie Mensuel / Wolinski ; p.203 : La Gueule ouverte / Wolinski ; p.204 : Georges Wolinski et Michel Boschet, Le Pays beau © Argos Films, 1972 – Les Films Martin Boschet. Crédit photo : XXX Tous droits réservés ; p.205 : © L'Humanité / Wolinski ; p.206 : © L'Hebdo Hara-Kiri / Wolinski ; p.207 : © BNF / Paris Match / Wolinski ; p.208 : © Libération / Wolinski, © Le Nouvel Observateur / Wolinski, © Le Petit Psikopat illustré / Wolinski ; p.209 : © Charlie Hebdo / Wolinski ; p.210 : © Wolinski ; p.211-217 : © Charlie Hebdo / Wolinski

SIMON FIESCHI

p.218 : © François Boucq, © Coco ; p.219-221 : © Simon Fieschi, dessins Riss ; p.222 : © Fabrice Nicolino ; p.222-223 : © Philippe Lançon

COUVERTURE

Dessins couverture : © Cabu, © Catherine Meurisse, Honoré, Tignous, Wolinski ; 4e de couverture : © Charb ; Rabat gauche : © DR ; Rabat droit : © DR, photo haut droite : © Patricia Méaille

BP 50311 • 75625 Paris cedex 13
Dépôt légal : décembre 2024
N° d'édition : 132
ISBN : 978-2-35766-208-7
Imprimé en France